## Dagrun Hintze

Als Kind betrachtete Dagrun Hintze (*1971 in Lübeck) mit einem Fernglas »die Zone« am anderen Flussufer und fragte sich, ob dort Menschenfresser hausten. Heute hat sie einen Zweitwohnsitz im ehemaligen Sperrgebiet der DDR und arbeitet als Theaterautorin regelmäßig in den östlichen Bundesländern.

Nach *Ballbesitz. Frauen, Männer und Fußball* (2017) ist *Ostkontakt* Dagrun Hintzes zweiter Band in der *mono*-Reihe.

Für die Arbeit am Buch wurde die Autorin durch den Hilfsfonds *Kultur hält zusammen* der Dorit & Alexander Otto Stiftung und der Hamburgischen Kulturstiftung unterstützt.

Dagrun Hintze

# OSTKONTAKT

Ein deutsch-deutsches Date

# Inhalt

Wir lagen uns gegenüber, die Front war das Meer
Ich schickte dir Bomben hinüber und du welche her
Von deinem Schiff hast du mir nachts
nackte Weiber gezeigt
Da habe ich Volkslieder dagegengegeigt
Ja so, Bruder, so war der Krieg
Wer hat uns den in die Wiege gelegt?
Ja, wir machten und brachten uns um
Ich war voller Hass und wusste doch nicht mal, warum

Dann hatt ich es satt, ewig mageren salzigen Fisch
Sah durch mein Glas die Tomaten da auf deinem Tisch
Die schmecken nach Pappe und deine Weiber,
die waren frigid
Und dafür hab ich mein Feuer am Strand gelöscht
und mein Lied
Aber aus, Bruder, aus war der Krieg
Wer hat uns den in die Wiege gelegt?
Und offen und frei liegt das Meer
Du gabst mir die Hand und ich gab dir mein Gewehr

Nun ist es soweit, wir haben zu zweit
Wieder klar Schiff gemacht
Ich hab jetzt endlich ne richtige Arbeit
Und du jemand, der sie dir macht
Wenn das Schiff schlingert, machst du den Finger
Und ich mach den Rücken krumm
Du musst an die Kegel, ich muss in die Segel
Und da weiß ich wieder, warum

Darum, Bruder, darum wird Krieg
Den haben wir uns jetzt vor die Füße gelegt
Doch ich singe und bringe nicht um
Obwohl ich nun wüsste, warum

*Gerhard Gundermann*

»Der Raum, der zwischen zwei Kulturen besteht, ist keine klar gezogene Linie, sondern ein unbegehbarer Abgrund. Beim Prozess des Schwingens über ihm ... kommt man nicht auf der angestrebten Seite mit einem einzigen Abstoß an, sondern eher, indem man vor- und zurückschwingt, vor und zurück, mit einem stetig wachsenden Schwungmoment.«

*Deborah Feldman*

## Typisch Westen

Bei uns in Lübeck hängt im Flur, seit ich denken kann, das Wappen von Mecklenburg. Mein Großvater ist dort aufgewachsen, genauer gesagt in Parchim. Und wenn er mir, als ich klein war, von seiner Kindheit erzählte, stellte ich mir Mecklenburg als eine Art norddeutsches Bullerbü vor, wo freche Jungs beim Nachbarn Äpfel klauten und sich nachts in die Speisekammer schlichen, um heimlich den Sonntagskuchen aufzufuttern. Dass mein sechzehnjähriger Großvater, nachdem er sich eine ganze Nacht lang mit Freunden und Familie beraten hatte, aufs Fahrrad stieg, um vor den Russen nach Westen zu fliehen und seine Familie erst fünf Jahre später wiedersehen sollte, wusste ich lange nicht. Dass er nach der Wiedervereinigung geschlagene zehn Jahre brauchte, um endlich eine Reise nach Parchim zu unternehmen, ließ mich eine Ahnung davon bekommen, wie traumatisch die Flucht und der Verlust des Zuhauses für diesen Mecklenburger Dickschädel gewesen sein müssen.

Ich bin bei meinen Großeltern aufgewachsen. Als meine Mutter mit mir schwanger wurde, war sie fünfzehn, mein leiblicher Vater drei Jahre älter. Die Sache flog auf, meine Mutter wurde auf der Stelle der

ehrenwerten Mädchenschule in der Lübecker Altstadt verwiesen, und keine Freundin meldete sich jemals wieder bei ihr. Würde man heute einem Teenager in einer solchen Situation ein ganzes Heer von Psychologinnen und Sozialarbeitern zur Seite stellen, tat man Anfang der 1970er-Jahre – nichts. Dennoch hatte sich das fortschrittlichere Denken zumindest insoweit rumgesprochen, dass meine Großeltern fanden, meine Mutter solle auf jeden Fall eine Ausbildung beginnen, um später finanziell auf eigenen Füßen stehen zu können. Ein paar Monate nach meiner Geburt ging sie deshalb nach Hamburg, um Medizinisch-technische Assistentin zu werden, nur an den Wochenenden kam sie ab und zu nach Hause. Mein leiblicher Vater und sie trennten sich, als ich drei Jahre alt war, von da an hatte ich keinen Kontakt mehr zu ihm. Die Vormundschaft für mich lag beim Lübecker Jugendamt, was sich allerdings auf einige wenige Termine, zu denen ich dort mit meiner Großmutter vorstellig werden musste, beschränkte.

Im Nachhinein kann man sagen, dass das sicher die beste Lösung war, zumal ich ansonsten nicht weiter auffällig wurde, in der Schule keine Probleme hatte, Klavierunterricht bekam und zum Reiten fuhr – wie jedes andere Bürgermädchen auch. Dennoch fühlte ich mich oft unangenehm exponiert. Denn spätestens wenn Freunde und Freundinnen mich zu Hause besuchten, wurden meine Lebensumstände zum Thema,

und ich musste erklären, warum ich bei meinen Großeltern wohnte und nicht bei meinen Eltern. Das setzte
mir – neben anderen Schwierigkeiten, die diese Art
aufzuwachsen mit sich brachte – durchaus zu. Um mir
das Gefühl, »anders« zu sein, zu nehmen, forcierten
meine Großeltern die Freundschaft zu dem einzigen
Mädchen in meiner Grundschulklasse mit alleiner-
ziehender Mutter, doch eine wirkliche Verbundenheit
stellte sich nicht ein, im Gegenteil: Ich suchte nach
Freundinnen mit »normalen« Familien, dort zu Gast
zu sein entlastete mich. Bis heute habe ich niemanden
getroffen, der meine Sozialisationserfahrung teilt. Und
die Frage, wo ich eigentlich zu Hause bin, wird immer
eine komplizierte bleiben.

Vor ein paar Jahren erzählte ich einem Dresdner
Freund von meiner Herkunft und den dazugehörigen
persönlichen Beeinträchtigungen. Ich hatte ihn im Zuge einer Theaterarbeit kennengelernt, und er hatte mir
später gestanden, dass er bei unserer ersten Begegnung
dachte: »Noch so eine von diesen professionellen West-
Schnepfen!« (Interessanterweise hatte man mich in
einem Literaturblog Jahre vorher bereits als »Prototyp
einer Kulturschnepfe« geschmäht, irgendwas scheint
da zu sein mit diesem Vogel und mir.) Nachdem er sich
meine Geschichte angehört hatte, sagte er: »Das ist typisch Westen. Wärst du in der DDR aufgewachsen, hättest du solche Probleme gar nicht gehabt.« Denn dort
habe es ja keine bürgerlichen Konventionen gegeben,

gegen die eine Teenage-Schwangerschaft bzw. ein un-
eheliches Kind minderjähriger Eltern verstoßen hätte.
Ich bin mir nicht sicher, ob das wirklich stimmt, mittlerweile habe ich auch anderslautende Einschätzun-
gen gehört. Trotzdem traf mich seine Bemerkung und
wirkt bis heute nach. Weil mir anhand meiner eigenen
Geschichte auf einmal ganz konkret bewusst wurde,
wie zufällig es einerseits ist, wo man geboren wird, und
welche unverrückbaren Konsequenzen dieser zufällige
Geburtsort andererseits hat, ein ganzes Leben lang. Ich
habe immer wieder vergeblich versucht, mir auszuma-
len, wer ich hinter dem »Eisernen Vorhang« geworden
wäre. Und mich berührt die Vorstellung, dass jenseits
der damaligen innerdeutschen Grenze, und damit nur
ein paar Kilometer östlich von Lübeck, für mich vielleicht ein Leben möglich gewesen wäre, das zumindest in einer Hinsicht leichter hätte sein können als im
Westen.

Es kann sein, dass mir die Verständigung zwischen
Ost- und Westdeutschland auch deshalb in den letzten
Jahren immer wichtiger geworden ist. Zudem führt
meine Theaterarbeit mich regelmäßig in die östlichen
Bundesländer, wo ich jedes Mal von Neuem feststelle,
dass mir das Etikett *West-Frau* offenbar auf der Stirn
klebt. Und dass das nicht unbedingt einen Vorteil bedeutet. Bis mir Pförtner, Techniker, Requisiteurinnen
oder Maskenbildnerinnen an einem ostdeutschen
Theater auch nur »Hallo« sagen, muss ich nämlich ein

verdammtes Charmefeuerwerk abfackeln, was mich immer wieder auch kränkt. Gleichzeitig verstehe ich mittlerweile besser, warum man Westdeutschen dort manchmal skeptisch und manchmal voller Misstrauen begegnet. Aber das sollte nicht noch mal dreißig Jahre so bleiben, und darum glaube ich, dass wir Westdeutschen zunächst endlich mal zuhören sollten, wenn ostdeutsche Erfahrung artikuliert wird, und uns nicht mit den Analysen bzw. Diagnosen, die zu jedem Jahrestag zuverlässig über Ostdeutschland im Allgemeinen hereinbrechen, begnügen dürfen. Und wenn wir unser Aufmerksamkeitsdefizit gegenüber dem, was »die Wende« in Ostdeutschland nach sich zog, irgendwann ein bisschen ausgeglichen haben, könnte man vielleicht auch von dort aus mit Neugierde und Interesse auf den Westen blicken und Fragen stellen. Denn die alte Bundesrepublik, in der ich aufgewachsen bin, ist genauso vergangen wie die DDR. Und von mir wollte noch kein Ostdeutscher und keine Ostdeutsche wissen, wie es dort gewesen ist, welche Vorstellungen ich von der DDR hatte, was Mauerfall und Wiedervereinigung in meinem Leben für eine Rolle gespielt haben und wie ich Ostdeutschland heute wahrnehme.

Interkulturelle Kompetenz ist eine der Soft Skills der Stunde. Wären wir auch angesichts ost- und westdeutscher Mentalitätsunterschiede in der Lage, sie auszubilden und anzuwenden, wäre womöglich schon eine Menge gewonnen, und zwar ohne dass gleich etwas

zusammenwachsen oder gar blühen müsste. Darum erzählt dieses Buch aus verschiedenen Perspektiven. Ein zentraler Bestandteil sind die Stimmen von neun Menschen aus Ostdeutschland, die mit mir über ihre Erfahrungen in der DDR und im wiedervereinigten Deutschland gesprochen haben. Ich habe sie im Rahmen eines Theaterprojekts kennengelernt, von dem später noch die Rede sein wird: Katrin (*1976), die gerne für eine Weile woanders gelebt hätte, aber fürchtete, dann endgültig ihre Wurzeln zu verlieren. Liane (*1962), stellvertretende KITA-Leiterin, die für einen Berufsabschluss nach bundesdeutschem Gesetz noch einmal eine Prüfung ablegen musste. Lutz (*1964), der in der DDR nie Vater werden wollte und in den 1990er-Jahren dann doch noch einen Sohn bekam. Thomas (*1962), der als Marine-Offizier der NVA die »Kapitulation« erlebte und danach West-Zeitschriften und LKWs verkaufte. Peter (*1955), der als Pfarrer in der DDR-Friedensbewegung aktiv war und bis heute widerständig geblieben ist. Gudrune (*1970), die manchmal noch das Pionierlied singt, obwohl sie in der DDR nicht Fotografin werden durfte. Michael (*1983), der acht Jahre in Westdeutschland gelebt hat und dadurch für seine Familie zum »Wessi« wurde. Yvonne (*1972), deren Ausbildungsberuf es plötzlich nicht mehr gab und die heute mit einem Schwaben verheiratet ist. Und Max (*1998), dem – so gern er eigentlich Patriot wäre – Heimatgefühle Probleme bereiten.

Natürlich können die Erzählungen dieser Menschen, die im Folgenden immer wieder in Gestalt von O-Tönen auftauchen werden, kein vollständiges Bild von Ostdeutschland und seiner kollektiven Gemütsverfassung vermitteln, wie auch. Zumal ihnen allen die Perspektive weißer Deutscher zu eigen ist – auch darauf komme ich später noch einmal zurück. Wesentlich scheint mir bei meinen ostdeutschen Gesprächspartnerinnen und -partnern vor allem die Erfahrung biografischer Brüche zu sein. Von der man im Westen inzwischen vielleicht eine theoretische Vorstellung besitzt, sie emotional jedoch oft weiterhin kaum nachvollziehen kann. Deshalb liegt der Schwerpunkt dieses Buches auch nicht auf den Erinnerungen an die DDR oder die alte Bundesrepublik. Sondern auf der Frage, wie in Ost und West der Einheitsprozess in den letzten zweiunddreißig Jahren individuell wahrgenommen worden ist. Denn auch ich spreche hier selbstverständlich nicht stellvertretend für Westdeutschland, sondern schildere subjektive Beobachtungen und Erlebnisse.

# Ein kapitalistisches Rentier in Schwerin

Als kleines Mädchen guckte ich vor dem Einschlafen erst das West-, dann das Ost-Sandmännchen und wusste nie genau, welches ich besser fand. Als ich dann länger aufbleiben durfte, war »das Vierte« (so hieß das DDR-Fernsehen bei uns) selbstverständlicher Teil des abendlichen Programmangebots, zumal dort oft die besseren Filme liefen. Sonntags machten wir manchmal einen Ausflug nach Hitzacker und besuchten ein Restaurant mit Aussichtsterrasse, von wo aus man mit Ferngläsern das andere Elbufer betrachtete. Da lag, hinter einem Metallzaun verborgen, »die Zone«. Und die westlichen Zollboote mussten höllisch aufpassen, nicht auf die falsche Flussseite zu geraten. Für mich klang es so, als würden dort Menschenfresser hausen, die auch mit Tieren brutal umgingen. So berichtete ein Kollege meines Großvaters, der im Lübecker Stadtteil Eichholz wohnte, von Minenexplosionen im Grenzstreifen, die er hörte, wenn wieder mal ein Reh in die Luft flog. Ich kann mich nicht daran erinnern, dass mir irgendein Erwachsener jemals erklärt hätte, was es mit der deutschen Teilung auf sich hatte. Nur die älteren Kinder aus unserem Einfamilienhaus-Wohngebiet machten sie manchmal zum Thema, zum Beispiel, wenn es um

das Raten von Zigarettenmarken ging: »Welche Marke darf man in der Zone nicht aussprechen?« Ich hatte keine Ahnung. Und auch die Antwort – »West« – ließ mich ratlos zurück.

Katrin: *Man wusste halt, wo's langgeht. Und dass man bestimmte Sachen einfach nicht macht, mit einem Coca-Cola-T-Shirt draußen rumlaufen, zum Beispiel. Ich hatte eines, das war in einem der Westpakete gewesen. Und natürlich habe ich damit nicht den Müll runtergebracht. Bestimmte Sachen durfte man eben nicht machen oder sagen, vor allem, wenn der Günter von gegenüber dabei war, der Abschnittsbevollmächtigte. Den hat man gemieden. Weil man vor dem nicht echt sein konnte.*

Jedes Jahr in der Vorweihnachtszeit packten meine Großeltern die unvermeidlichen Pakete: Mit Apfelsinen, Kaffee, Schokolade, Seife und abgelegten Klamotten von mir. Ich verstand, dass auf der anderen Seite der Grenze Verwandte lebten, denen es nicht so gut ging wie uns. Ein Cousin meines Großvaters, glaube ich, und seine Tochter mit ihren Zwillingen, die ein bisschen jünger waren und am gleichen Tag Geburtstag hatten wie ich. Als ich das mit dem Geburtstag erfuhr, ging ich schon aufs Gymnasium und legte beim nächsten Paket eine Karte an die Mädchen dazu. Im Englischunterricht hatte ich gerade die Geschichte von *Rudolph, the red-nosed reindeer* gehört und schrieb sie

für die beiden auf. Im neuen Jahr erhielt ich einen Dankesbrief, die Zwillinge waren von Rudolph begeistert. Da hatte wohl jemand bei der Post-Kontrolle gepennt, immerhin zog dieses Rentier den Schlitten des imperialistischen Santa Claus – das Symbol des Kapitalismus schlechthin.

Liane: *In der neunten Klasse kam ein Junge zu uns in die Schule, der ein bisschen provokativ auftrat. Er trug die Flagge der BRD am Ärmel seiner Jacke, was natürlich verboten war. Unser Staatsbürgerkundelehrer hat ihn aufgefordert, die Jacke abzulegen und die Flagge abzutrennen. Aber der Junge hat sich geweigert: »Ich denke gar nicht dran! Ich kann anziehen, was ich will.« Das hat sich so hochgeschaukelt, dass der Lehrer ihm die Flagge abreißen wollte. Mich hat dieser Vorfall verunsichert, und ich habe mit meinem Vater darüber gesprochen. Er gab dem Lehrer recht. Damals fand ich das richtig. Ich habe meinen Eltern vertraut.*

Im Dezember 1989, also kurz nach der Maueröffnung, fuhr ich mit meinem damaligen Freund auf seiner Vespa nach Schwerin, um den unbekannten Verwandten einen Überraschungsbesuch abzustatten. Wir wurden unglaublich herzlich empfangen. Die Mutter der Zwillinge nahm mich beiseite, um mir zu sagen, wie dankbar sie all die Jahre für die Westpakete gewesen sei: »Ohne die wären wir nicht durchgekommen.«

Ich fühlte mich beschämt. Und konnte mir gleichzeitig überhaupt nicht vorstellen, was sie meinte. Denn obwohl ich inzwischen achtzehn Jahre alt war, hatte ich noch immer kaum einen Schimmer vom Leben in der DDR.

Lutz: *Die Westpakete standen in der Vorweihnachtszeit zum Abholen auf der Post. Der Osten war ja generell nicht so parfümiert, und von ihnen ging dieser Geruch aus, ähnlich wie im Intershop: Eine Mischung aus Südfrüchten, Persil und Schokolade. Und Parfüm, die älteren Damen benutzten ja gern 4711.*

Am 3. Oktober 1990 knutschte ich mit meinem neuen Freund am Ostseestrand, die Wiedervereinigung war uns herzlich egal. In der Folge verkrachte sich die Wessi-Verwandtschaft meines Großvaters mit den Schwerinern. Es ging wohl um Wiedergutmachungsansprüche an Immobilien, auf jeden Fall brach dadurch auch der Kontakt zwischen uns ab.

1991 ging ich nach Würzburg zum Studieren und lernte in der Kunstgeschichte genau eine ostdeutsche Kommilitonin kennen, die jedoch schnell zur Medizin wechselte. Das Nächste, was ich in meinem bayrischen Studentinnenidyll von »denen da drüben« mitbekam, waren die Fernsehbilder von den Ausschreitungen in Rostock-Lichtenhagen. Mit Grausen wandte ich mich ab. Damit wollte ich nichts, aber auch gar nichts zu tun haben.

## Grenzland

1999 fuhr ich mit einer Freundin in ein Dorf im nieder-
sächsischen Amt Neuhaus – sie wollte dort ein Haus
kaufen, und ich hatte spontan beschlossen, sie zu be-
gleiten. Während sie mit dem Makler verhandelte, ging
ich auf den Deich, schaute in die Elbtalaue und empfand auf einmal einen bis dahin ungekannten Frieden.
Auf der anderen Seite des Flusses lag Hitzacker – der
Ort, von dem aus ich als Kind mit dem Fernglas auf
genau dieses Ufer gestarrt hatte. Denn die Gemeinde
Amt Neuhaus, die vorher zum Landkreis Lüneburg
gehörte, wurde 1945 an die sowjetische Besatzungszo-
ne übergeben, in der Folge unterstellte man sie dem
mecklenburg-vorpommerschen Landkreis Hagenow
und ordnete sie 1993 dann wieder Niedersachsen zu.
(Wer heute den Elberadweg von Hamburg Richtung
Dresden nimmt, fährt auf dieser Flussseite also erst
durch Schleswig-Holstein, dann durch Mecklenburg-
Vorpommern, dann, im Amt Neuhaus, durch Niedersachsen und dann wieder durch Mecklenburg-
Vorpommern, was häufig Irritationen hervorruft.) Ein
Grund dafür soll die alte Verbundenheit zum Königs-
haus Hannover gewesen sein, es heißt, auf vielen Dach-
böden hätten sich nach der Wende Fahnen mit dem

königlichen Wappen gefunden. Sicher versprach man sich von der Zugehörigkeit zu einem »alten« Bundesland auch wirtschaftliche Vorteile – eine Hoffnung, die wohl eher enttäuscht worden ist. Zu DDR-Zeiten war diese wunderschöne Gegend jedenfalls Sperrgebiet. Seit 1952 galten Sonderregelungen, später versperrte ein meterhoher Zaun den Blick auf die Elbe, zusätzlich gesichert von Hunden – die große Marie-Luise Scherer hat ihnen in der Reportage *Die Hundegrenze* ein Denkmal gesetzt. Wer aus der DDR ins Sperrgebiet einreisen wollte, benötigte einen Passierschein. Wer hier lebte, war nicht den Zwangsaussiedlungen zum Opfer gefallen, der *Aktion Ungeziefer* zum Beispiel, aus dem Juni 1952, bei der ganze Orte geschleift und Menschen, deren Familien dort seit Generationen lebten, ins Landesinnere verbracht wurden. Man bezichtigte sie der »politischen Unzuverlässigkeit«, was manchmal auf schlichter Denunziation beruhte. Unter ihnen waren Leute, die über Westkontakte verfügten oder sich zum christlichen Glauben bekannten, aber auch Bauern, die ihr Abgabesoll nicht erfüllten. Manche hatten sich auch einfach nur negativ über die DDR geäußert. Mit dem wenigen Hab und Gut, das sie mitnehmen durften, wurden sie auf LKWs verladen, ohne das Ziel ihrer Reise zu kennen. Dort angekommen wies man ihnen Wohnungen oder Häuser zu, die keineswegs dem Zuhause entsprachen, das man ihnen genommen hatte, und erklärte den Nachbarn, es handele sich bei den

Zwangsausgewiesenen um Kriminelle. Im Zusammenhang mit der *Aktion Ungeziefer* und auch der *Aktion Kornblume* von 1961 sind mehrere Suizide belegt, offiziell wurden sie als notwendige Maßnahmen zur Sicherung des Friedens begründet. Und wer die DDR immer noch für einen eigentlich doch ganz okayen Kuschelstaat hält, möge mal das Grenzlandmuseum in Konau besuchen, wo das Leben im Sperrgebiet und die Zwangsaussiedlungen eindringlich dokumentiert sind.

Ohne damals etwas über ihre Geschichte zu wissen, verliebte ich mich auf den ersten Blick in diese Gegend. 2001 blieb ich den ganzen Sommer im Haus der Freundin, wo meine Großeltern mich besuchten. Sie brachten einen Familienstammbaum mit, um mir zu zeigen, dass einer meiner Vorfahren – mein Ur-Ur-Ur-Ur-Ur-Großvater, wenn ich das noch richtig zusammenkriege – als mecklenburgischer Musketier Dienst auf der nahe gelegenen Festung Dömitz geleistet hatte. Und zwar zu der Zeit, als dort der niederdeutsche Dichter Fritz Reuter – seine Bücher gehören zu den ersten, die mir von meinen Großeltern vorgelesen wurden, deshalb verstehe ich auch bis heute Platt – einsaß, wegen »Teilnahme an hochverräterischen burschenschaftlichen Verbindungen und Majestätsbeleidigung«. Reuter schildert die Erinnerungen an seine Haft in verschiedenen Festungen in dem Roman *Ut mine Festungstid* von 1862. In Dömitz muss es immerhin nicht ganz grässlich gewesen sein, er berichtet von Schachpartien mit dem

Kommandanten und der Erlaubnis, in der Elbe zu schwimmen. Und so albern das vielleicht klingen mag – die familiäre Verwurzelung in diesem Landstrich, den ich 1999 für mich entdeckte, bedeutet mir viel. Es war der erste konkrete Ort, an dem sich das bis dahin unbekannte Gefühl einstellte: Ich gehöre hierher. Deshalb schleppte ich auch meinen Mann kurz nach unserem Kennenlernen dorthin, und weil er sich ebenfalls in diese unspektakuläre Idylle verliebte, mieteten wir 2004 eine kleine Zweitwohnung am Elbdeich. Dort haben wir seitdem jeden Sommer verbracht und fast jedes Silvester, und wann immer ich von dort aus wieder in die Stadt fahren muss, zerreißt es mir das Herz. Gehen wir in der Aue spazieren, stelle ich mir manchmal vor, dass hier vor zweihundert Jahren meine Vorfahren unterwegs gewesen sind, von denen vielleicht irgendetwas in mir weiterlebt. Und ich glaube, auch meinen Großvater freut es, dass seine Enkelin – nachdem er das Land seiner Kindheit verlassen musste – dort nun wieder einen Wohnsitz hat, selbst wenn der in Niedersachsen liegt und nicht in Mecklenburg.

Bei unseren Radtouren in der Elbtalaue haben mein Mann und ich sicher schon ein paar Hundert Mal die Fußgänger- und Fahrrad-Fähre von Bitter nach Hitzacker oder andersherum genommen; eine poetischere Art, die Elbe zu überqueren, kann man sich kaum vorstellen. Genauso wenig wie die Tatsache, dass sich hier an Heiligabend 1989 eine Tragödie ereignete, bei der ein

Mann aus Hitzacker starb. Der damals zweiundfünfzig-jährige Heinz Engel hatte mit seiner Familie die Fähre bestiegen, die an diesem Tag zum ersten Mal seit Ende des Zweiten Weltkriegs wieder das gegenüberliegende Ufer in dieser Richtung ansteuerte. Kurz nach dem Aussteigen in Bitter erlitt er einen schweren Herzinfarkt – der Uelzener Rettungshubschrauber wurde zu Hilfe gerufen. Doch der Pilot weigerte sich, auf dieser Elbseite zu landen, weil eine entsprechende Vereinbarung zwischen der BRD und der DDR über solche Hilfseinsätze fehlte. Ein Wasserzöllner reagierte zwar noch spontan, ignorierte die offiziellen Vorschriften und lenkte sein Boot ans ostdeutsche Ufer. Doch bei der Rückfahrt erlag Heinz Engel den Folgen des Herzinfarkts, mitten auf der Elbe. Heute erinnert an der Anlegestelle in Bitter ein Gedenkstein an ihn.

Heinz Engel ist das wohl letzte Opfer der innerdeutschen Grenze, an der vorher so viele bei einem Fluchtversuch starben. Die Berliner Staatsanwaltschaft berichtete am Ende ihrer Ermittlungen 2004 von 270 nachweislich durch Schusswaffen und Minen Getöteten. Nicht jeder in der DDR konnte verstehen, dass Menschen das Risiko eines Fluchtversuchs überhaupt auf sich nahmen. Und nicht jeder, der sich mit dem SED-Regime oder der Stasi anlegte, wollte unbedingt in den Westen. Je nachdem, auf welcher Seite man stand, ob man zum Beispiel Marine-Offizier oder Theologie-Student war, erlebte man sehr unterschiedliche Formen der Konfrontation.

## Imitierter Bombenabwurf

Thomas: *Auf dem Wohnschiff gab es die Schulungsräume und die Messe zur Einnahme von Essen. Matrosen, Unteroffiziere, Offiziere – einfaches Linoleum, besseres Linoleum, Teppich. Aber das Essen war immer das gleiche. Das hatten wir von der kaiserlichen Marine gelernt, dass es zu Verdruss führt, wenn der Offizier ein besseres Essen bekommt als der einfache Matrose.*

*Angst habe ich nie gehabt, die wäre auch der falsche Begleiter gewesen. Respekt schon. Auf See gibt es Lagen, die nicht normiert sind, die man vorher nicht in einer Dienstvorschrift definieren kann – wenn von siebenundzwanzig Mann achtzehn kotzend im Wettergang sitzen, kannst du halt nur noch mit den Leuten tanzen, die im Saal sind. Für mich ist das immer noch ein Bild dafür, wie es in der Gesellschaft zugehen kann, wenn es mal nicht so läuft – ich habe da den Wert der Menschen erkannt. Wenn jemand gerade mal vierzehn Tage an Bord ist, eigentlich noch gar keine Berechtigung für irgendwas hat – der muss dann trotzdem einfach machen. Und der kann das dann auch.*

Peter: *Eine Person, die mich ganz stark geprägt hat, ist Friedrich Schorlemmer. Durch eine Freundin bin ich in*

seinen Jugend- und Studentenkreis in Merseburg gekommen, er hat mich auch getauft. Friedrich war für viele ein ganz wichtiger Mensch, er verstand sich zwar zuallererst als Seelsorger, vertrat aber zugleich einen enormen gesellschaftlichen Anspruch an Wahrhaftigkeit und Offenheit.

Natürlich war dieser Kreis absolut stasibeobachtet, manche von diesen Leuten wurden auch ganz schnell enttarnt. Ich erinnere mich an eine Situation, wo jemand aus Versehen sein Mitschreibheft offen hat liegen lassen. Das waren ja alles bestochene und erpresste Leute, die man überhaupt nicht geheimdienstlich ausgebildet hatte. Die haben ihre Anweisungen bekommen und vielleicht auch diesen oder jenen Hinweis, worauf sie besonders achten sollten. Friedrich Schorlemmer hat immer gesagt: »Wir müssen wissen, dass es so ist. Aber wir müssen so handeln, als wäre es nicht so.« Diese Formulierung ist für mich eigentlich Maßstab geblieben.

Thomas: *Draußen, im freien Seeraum, hatten wir ständig Kontakt mit anderen Kräften, schwedischen zum Beispiel, die aufgeklärt haben und wissen wollten, was wir machen. Bei Überflügen – es gab häufiger Kontakt mit den Luft- als mit den Marinekräften – haben sich die Schweden, die Russen oder die Polen völlig korrekt verhalten und sind nicht über das Staatsgebiet unseres Schiffes drübergeflogen. Die haben gegrüßt, muss nicht immer freundschaftlich gewesen sein, aber trotzdem.*

*Bei der Bundesmarine war das geteilt, es gab dort sehr anständige Verhaltensweisen, die nicht abwichen von der Norm, aber man hat statt der Fahne auch mal eine Henkersschlinge hochgezogen oder gar nicht gegrüßt. Solche Vorfälle konnten wir gleich als Politschulung benutzen, da brauchte man nicht mehr viel zum Feindbild erzählen.*

*In den Tornados der Bundesluftwaffe, die auch die Ostsee bearbeiteten, saßen die bestausgebildeten Piloten, die über See fliegen konnten. Und im freien Seeraum oder wenn wir der inneren Grenze nahe gekommen sind, sind die im Päckchen auf unser Boot zu: Zu sechst, der Erste bis auf fünfzehn Meter runter, dann wieder senkrecht hoch – imitierter Bombenabwurf, nicht gerade nett. Die wollten uns so ihre Meisterschaft zeigen, ihre militärische Stärke demonstrieren. Aber es verstieß gegen geltendes internationales Recht. Von unseren Leuten habe ich solche Szenen nicht gesehen.*

Peter: *1981 war ich mit einem Freund aus dem Westen, der mich gerade besuchte, auf der Leipziger Buchmesse unterwegs. Wir gehen so rum, und ich komme an den Stand vom Rowohlt-Verlag. Da steht ein kleines Taschenbuch: »Die Story des Blues«. Ich schummel mich ran, stecke das Buch unter meine Jacke, der Mann vom Stand sieht das und nickt mir unmerklich zu. Ich hatte eine solche Sehnsucht nach genau diesem Buch – ich hab nicht gesehen, dass zwei Meter neben mir einer stand, der alles*

*beobachtet hat. Zwanzig Meter weiter, sie haben mich erst mal weggehen lassen, wurde ich von ein paar Herren in eine Nische gedrängt: »Zeigen Sie mal, was Sie unter der Jacke haben!« Mein Freund kam dazu und fragte, was los sei. Die haben ihn gleich mitkontrolliert und also seinen bundesdeutschen Ausweis gesehen. Einer von ihnen flüsterte mir zu: »Lassen Sie ihn da raus. Er darf Sie nie wieder besuchen, wenn er jetzt mitkommt.«*

*Im obersten Stock des Buchmessehauses gab es eine reine Polizeietage plus Stasi. Für all die Leute, die Bücher geklaut hatten. Polizei, Schnellverfahren: Ich hatte mich des Diebstahls schuldig gemacht und sollte das Vierfache des Buchpreises als Strafe zahlen. Da habe ich gesagt, ich weiß nicht, woher die Courage kam: »Dann kann ich das Buch aber mitnehmen, ich hab's ja bezahlt.« Das mochten sie gar nicht.*

*Danach musste ich über eine Stunde warten und wurde schließlich in einen anderen Raum geführt, wo schon einer ganz lässig saß. »Sie müssen entschuldigen, ich bin ein bisschen angetrunken.« Ich denke: Was ist denn hier los? »Man hat mich aus einer Familienfeier rausgeholt, damit ich hier mit Ihnen spreche«, sagt er. Ich: »Dafür kann ich ja nun nix.« »Wir möchten uns mal ein bisschen mit Ihnen unterhalten.« Inzwischen hatten die also gefiltert: Martin-Luther-Universität, Theologie-Student.*

*Am nächsten Tag bin ich sofort zum Dekan unserer Sektion Theologie. Denn das war bei uns bekannt, zumindest bei den Theologen: Wenn dir so etwas passiert,*

geh zu deinem Dekan. Der hat mich ganz väterlich empfangen: »Was? Wegen eines Buchs? Auf der Frankfurter Buchmesse gelten die geklauten Bücher als Marktforschung.«

Ein paar Wochen später bekam ich eine Vorladung von der Polizei zwecks Klärung eines Sachverhaltes. Das war dann ein richtiger Anwerbeversuch: zwei Scheinwerfer, die einen blenden, und dahinter sitzt jemand und sagt in ganz liebem Ton: »Wir wollen, dass Sie uns Informationen liefern.« Es ging um die Uni, um Mitstudenten. Ich sollte Berichte schreiben – erst mal ganz harmlos. »In dem Konvikt, wo die Studenten wohnen, sind Diebstähle vorgekommen. Können Sie da mal ein bisschen hingucken?« Ich habe gesagt: »Nee, das kann ich nicht machen und will's auch nicht.« Das Gespräch endete also nicht zu deren Zufriedenheit. Und ich war alles andere als locker, aber ich hatte mich nicht verkauft.

Thomas: *Warum jemand so viel Energie aufwendet, um zum Beispiel mit einem Heißluftballon aus der DDR zu fliehen, konnte ich nicht verstehen, man wusste doch, worauf man sich einlässt. Die Grenzbrigade Küste hat Leute auf Luftmatratzen irgendwo kurz vor Dänemark rausgefischt, die waren halb tot. Das war doch russisches Roulette, aber nicht mit einer Kugel, sondern mit fünf.*

*Mit dem Schulschiff sind wir einmal durch den Sund und den Belt gefahren, und als die Silhouette von Kopenhagen auftauchte, gab es ein Signal, und die, die*

geschlafen hatten, sind hochgekommen. Ich habe mir einen Fotoapparat genommen, das war nicht ganz legal, und den Turm, wo Benni von der Olsenbande dran hing, fotografiert – da schien die Sonne drauf, der war zum Greifen nah. Das war toll, das zu sehen, trotzdem gab es keine Sehnsucht danach. Sicher, ich wäre auch gerne mal nach Norwegen gereist, aber dass ich deswegen auf eine Luftmatratze steige und mein Leben hinter mir lasse – niemals. Die meisten um mich herum haben genauso gedacht.

## So ist das mit den Revolutionen

Der 9. November 1989 fiel auf einen Donnerstag. Ich muss an diesem Abend die Tagesschau gesehen haben, aber ich kann mich nicht daran erinnern, zu viele Bilder von der Maueröffnung haben diesen Moment in der Zwischenzeit überlagert. Ich weiß auch nicht mehr, ob und wie wir zu Hause darüber sprachen. Für meinen Großvater bedeutete das doch eigentlich viel – auf einmal rückte Parchim wieder näher. Aber vermutlich nahmen wir das Ganze so zur Kenntnis, wie wir schon die massenhafte Flucht von DDR-Bürgerinnen und -Bürgern über Ungarn und die Demonstrationen in Leipzig und Ostberlin zur Kenntnis genommen hatten: Ein bisschen verblüfft, aber unbeteiligt – uns ging das irgendwie wenig an.

Am Freitagmorgen jedenfalls war Lübeck voller Trabbis, der Zweitakter-Gestank hing überall in der Luft. Die lustigen Autos parkten kreuz und quer auf den Fußwegen, und das Ordnungsamt beschloss, zur Feier des Tages keine Strafzettel zu verteilen. In der ersten Stunde hatten wir Geschichte, aber unsere Lehrerin gab uns schulfrei: »Heute findet der Geschichtsunterricht auf der Straße statt.« Neugierig liefen wir durch die Stadt, betrachteten die Ost-Menschen, kamen aber

mit niemandem ins Gespräch – wir trauten uns einfach nicht. Abends wurde es kalt, und es hieß, am Grenzübergang Schlutup hätten sich lange Staus gebildet, die Leute würden frieren, man benötige Unterstützung. Ich fuhr hin und reichte Decken und heißen Tee durch die Autofenster. Und Bananen, Hunderte davon, keine Ahnung, wer die zur Verfügung gestellt hatte, die »Ossis« wurden förmlich damit beworfen. Spät in der Nacht riefen meine US-amerikanischen Gasteltern an, bei denen ich vor Kurzem ein Austauschjahr verbracht hatte. Sie waren überzeugt, mich im Fernsehen gesehen zu haben, »dancing on the wall«. Sinnlos, ihnen zu erklären, wie weit weg Berlin für mich war.

Ich glaube, die Euphorie, die – zumindest in den grenznahen westdeutschen Städten – an diesem Wochenende herrschte, war der bei der Ankunft der ersten Geflüchteten am Münchner Hauptbahnhof 2015 nicht unähnlich. Die Psychoanalyse spricht vom »ozeanischen Gefühl«, einem rauschhaften Zustand, in dem es kein Drinnen und kein Draußen mehr gibt, kein Ich und kein Du, in dem alles eins ist. Dieses Gefühl, so angenehm es auch sein mag, hat eine psychotische Qualität und mit der Realität wenig zu tun. (Ich kritisiere hier übrigens nicht die Willkommenskultur, die 2015 in Deutschland dankenswerterweise praktiziert wurde. Sondern gebe zu bedenken, dass ein Teil des Hauptbahnhof-Applauses möglicherweise auch der Selbst-Berauschung geschuldet war, dem Gefühl, ein

großherziges, besseres Deutschland zu repräsentieren, das alle kommenden Herausforderungen locker meistern würde.) Und so änderte sich die Atmosphäre in Lübeck schon wenige Wochen nach dem Mauerfall. Kursierten anfangs noch die Geschichten von den »armen Ostdeutschen«, die angesichts westlicher Supermarktregale mit einem Schlag ergrauten oder denen vor lauter Schock die Haare ausfielen, wurden jetzt andere Dinge kolportiert: Dass viele Ossis sich das Begrüßungsgeld mehrfach abholten. Dass großzügige Westdeutsche den Brüdern und Schwestern von drüben ihre Wohnungen überlassen hätten, in denen nun Videorekorder und Fernseher fehlten und nur ein Zettel auf dem Tisch lag: »Ihr könnt euch das ja alles neu besorgen.« Außerdem war man bald genervt von den ewig leer gekauften Geschäften. Ich erinnere mich, wie ich in dieser Zeit nach der Schule ins *Pressezentrum* ging, dort konnte man die neusten Platten anhören. Auf der Treppe begegnete ich einem Mitschüler, wir sprachen miteinander, da drängte uns ein Typ in Moonwashed-Jeans zur Seite. »It's not a trick, it's a Zoni«, sagte der Mitschüler laut und verächtlich. Auch »Zonen-Gaby«, die auf dem *Titanic*-Cover prangte und sich über ihre erste Banane freute, während sie in Wahrheit eine Salatgurke in der Hand hielt, wurde schnell zum abfälligen Sammelbegriff für alle weiblichen Ostdeutschen. Und meine Geschichtslehrerin stellte irgendwann resigniert fest: »So ist das mit den Revolutionen. Schon ein

paar Wochen später regt man sich nur noch über den Gestank der Trabbis auf.«

Die Negativ-Erzählungen über die Ostdeutschen (ungeachtet der Frage, ob sie nun der Wahrheit entsprachen oder nicht) hatten wohl auch eine psychologische Funktion – entschuldigten sie doch zumindest ein wenig die Unanständigkeit des Westens. Denn kaum war der euphorische Mauerfall-Moment vergangen, zeigte der Kapitalismus auch schon sein zynischstes Gesicht: Erinnert sich noch jemand an all die Autowracks, die 1989/90 die Autobahnen Richtung Osten säumten? Das waren Schrottkarren, die bundesdeutsche Händler den Leuten zu überteuerten Preisen angedreht hatten, oft schafften sie nicht mal die Rückfahrt nach Hause. Eine Freundin von mir arbeitete zu dieser Zeit in einem Lübecker Jeansladen. Dort holte man die eingestaubten Restposten, die von westlicher Kundschaft niemals mehr gekauft werden würden, vom Dachboden und verscheuerte sie mit Ansage an ahnungslose Ossis. Bald machten sich auch die Zeitungsabo-Verkäufer auf den Weg nach drüben und schwatzten den Leuten die bunten West-Blätter auf. Ihnen folgten die Versicherungsvertreter, die sich die Unwissenheit und Ängstlichkeit der Ostdeutschen zunutze machten und sie mit häufig sinnlosen Policen versorgten. Auch der ganze billige Plastikramsch wurde nun LKW-weise über die Grenze gekarrt, die Zonis würden schon doof genug sein, ihn zu kaufen. Und der Verkauf von »Schrottimmobilien«,

mit denen sich (nicht nur) Ostdeutsche finanziell ruinierten, begann.

Später, nach der Wiedervereinigung, kamen dann die »DiMiDos« in die neuen Bundesländer: Wessis, deren Karrieren zu Hause nicht selten aus guten Gründen ins Stocken geraten waren und die jetzt Morgenluft witterten. Ihren Wohnsitz verlegten sie selbstverständlich nicht an ihren neuen Tätigkeitsort, sondern waren dort nur an drei Tagen die Woche präsent (Dienstag, Mittwoch, Donnerstag), kassierten dafür aber das berühmte »Buschgeld« bzw. die »Buschzulage« – Formulierungen, die in Ostdeutschland bis heute vollkommen zu Recht als Inbegriff von Arroganz und Anmaßung gedeutet werden.

Ob die Abwicklung der ostdeutschen Wirtschaft durch die Treuhand ein krimineller Akt oder nicht anders möglich war, vermag ich nicht zu beurteilen, dazu fehlt mir der volkswirtschaftliche Sachverstand, und vielleicht stimmt ohnehin beides. Ich glaube allerdings, dass die reflexhafte Abwehr des Vorschlags der Linken, eine Wahrheitskommission einzusetzen, um das Vorgehen der Treuhand aufzuarbeiten, im Grunde vor allem den Unwillen zeigt, sich kritisch mit dem Verhalten des Westens bzw. vieler seiner Protagonisten auseinanderzusetzen. Es scheint verdammt schmerzhaft zu sein, eingestehen zu müssen, dass die Wiedervereinigung der ehemaligen DDR eben nicht ausschließlich Freiheit und Demokratie gebracht hat. Sondern dass die

Bundesrepublik Deutschland ihre neuen Bürgerinnen und Bürger häufig genug als minderbemittelte Konsumenten ansah, auf deren Kosten man sich im Westen die Taschen füllte und ihnen im Gegenzug halt Sozialleistungen rüberschob und Innenstädte aufhübschte.

Wer sich noch mal einen Eindruck von der »ästhetischen Kolonialisierung« Ostdeutschlands jenseits aller Sanierungsmaßnahmen verschaffen will, dem sei das Buch *Sprüche aus Asche* des Fotografen Hans-Jörg Schönherr empfohlen: Schönherr hatte 1986 die sozialistischen Kampfparolen, die im öffentlichen Raum der DDR überall präsent waren – *Starker Sozialismus – sicherer Frieden!* – im Rahmen seines Projekts *Sichtagitation* dokumentiert und nahm das Thema Mitte der 1990er-Jahre wieder auf. Nun fotografierte er möglichst an denselben Orten die »Agitation des freien Marktes« in Gestalt von Werbung und Wahlplakaten. Diese neuen Botschaften sind häufig so dicht am Schwachsinn gebaut, dass sie jeden halbwegs zurechnungsfähigen Betrachter eigentlich gekränkt haben müssen. Von dem nahezu zwanghaften Sexismus, der sich in all den Bildern nackter und halb nackter Frauen manifestiert (die es im öffentlichen Raum in der DDR niemals gegeben hatte), ganz zu schweigen – ich selbst hatte völlig vergessen, wie hirnerweichend eklig die Werbung zu dieser Zeit war.

In Gesprächen mit Ostdeutschen, die, wie meine Interviewpartnerin Liane es nannte, »das Wende-Wissen

noch haben«, klingen all diese Irritationen, Verletzungen und Bitterkeiten immer wieder an, oft gepaart mit dem Gefühl, bis heute nicht ernst genommen und für die eigene Lebensleistung nicht respektiert zu werden. So hatte der Leipziger Jugendforscher Peter Förster schon ab 1987 für eine Studie 1200 ostdeutsche Schülerinnen und Schüler über ihre Meinung zur DDR und später zur Bundesrepublik befragt, 54 Prozent der Befragten gaben an, durch ihre ostdeutsche Herkunft benachteiligt zu sein. Auch DDR-Bürgerinnen und -Bürger, die vor 1989 ausgereist waren, berichteten von Diskriminierungserfahrungen in Westdeutschland, das Thema zieht sich also durch die Jahrzehnte. Und es befremdet ja nun auch wirklich, dass so gar nichts von den Errungenschaften dieser Deutschen Demokratischen Republik übrig bleiben durfte, auf die ihre Bewohnerinnen und Bewohner doch zum Teil zu Recht stolz waren (Ich sage nur: Poliklinik. Oder: Kinderkrippe.). Anlässlich seiner Dankesrede zur Verleihung des Friedenspreises des Deutschen Buchhandels 1993 bemerkte der Theologe und Bürgerrechtler Friedrich Schorlemmer diesbezüglich: »Nicht wenigen von uns ist immer noch schwer begreiflich, warum nichts bleiben konnte, was uns Ostdeutsche doch auch ausmachte neben allem Verkehrten und Verqueren. Warum wir nicht ein gemeinsames Drittes suchten – nicht den dritten Weg! –, sondern ausschließlich auf altbekanntes, westwärts Etabliertes zurückgriffen, bleibt uns unverständlich.«

Insofern glaube ich, dass eine ost-westdeutsche Wahrheitskommission (die über das Treuhand-Thema möglicherweise auch hinausgehen sollte) gar keine schlechte Idee ist. Ursprünglich stammt sie von südamerikanischen Menschenrechtlern, besonders prominent umgesetzt wurde sie dann von Nelson Mandela, der die *Truth and Reconciliation Commissions* nach dem Ende der Apartheid in Südafrika installierte – auch wenn dort heute längst nicht alles gut ist, heißt es doch, diese Kommissionen hätten einen drohenden Bürgerkrieg verhindert. Es geht dabei darum, ein öffentliches Forum zu schaffen, in dem Opfer von Unrecht ihre Erfahrung schildern und gehört werden. Auch die Täter erhalten Gelegenheit, ihre Sicht darzulegen, und darüber hinaus die Möglichkeit, um Vergebung zu bitten. Aus der Psychotherapie weiß man, dass Heilung nach traumatischen Erfahrungen deutlich besser funktioniert, wenn anerkannt wird, was geschehen ist. Dann braucht es unter Umständen nicht einmal eine Verurteilung oder Bestrafung – das Anerkennen der Realität auch durch den Täter reicht manchmal schon aus. Und ich fürchte, eine echte Versöhnung zwischen Ost- und Westdeutschland (und genau darüber müssen wir meiner Meinung nach reden) wird erst möglich sein, wenn sich der Westen um die eigenen blinden Flecken von damals kümmert und sich seiner Ignoranz, seiner Borniertheit und seinem zum Teil zutiefst unanständigen Handeln stellt.

Der (ostdeutsche) Soziologe Steffen Mau ist da allerdings anderer Meinung. Er diagnostiziert in seinem lesenswerten Buch *Lütten Klein – Leben in der ostdeutschen Transformationsgesellschaft* von 2019 Ostdeutschland als »frakturierte Gesellschaft« (und bezieht sich dabei explizit nicht auf eine »Volkskörper«-Vorstellung): »Diese Strukturbrüche belasten die ostdeutsche Gesellschaft bis heute und bestimmen auch weiterhin die mentale sowie politische Lage. Entlang der [...] Frakturen brechen neue Spaltungslinien auf, an ihnen entzünden sich noch immer Verbitterung und Unmut, an ihnen nehmen die Fliehkräfte ihren Ausgang, denen wir derzeit gegenüberstehen.« Eine »innerdeutsche Gesprächstherapie« hält er für naiv, weil es deutlich mehr brauche als den »Schmierstoff der Anerkennung«, um Abhilfe zu schaffen. Leider sagt er nicht, was genau. Deshalb erlaube ich mir, weiterhin für eine Art gemeinsamer Therapie-Couch für Ost- und Westdeutschland zu plädieren, mit irgendwas muss man gut dreißig Jahre nach der Wiedervereinigung ja mal anfangen. Und darum geht es hier jetzt weiter mit dem, was meine Gesprächspartnerinnen und Gesprächspartner mir von ihren Erinnerungen an die friedliche Revolution erzählt haben.

## Nicht, dass alles umsonst war

Peter: *1983 haben wir mit Schorlemmer zusammen die Schwertschmiedeaktion in Wittenberg gemacht, die dann um die Welt ging: Schwerter zu Pflugscharen. Ich habe das Schwert getragen und es dem Schmied übergeben. Das Ganze ist von der Stasi gefilmt worden – man findet das auch noch irgendwo im Internet, schlechter Film, natürlich – und wir wussten nicht, ob sie eingreifen oder nicht. Ich denke, nur die Anwesenheit vieler westlicher Journalistinnen und Journalisten und auch des Bundespräsidenten, der in der Gegend weilte, hat verhindert, dass es zum Zugriff kam. Als der Schmied dann schmiedete, war das wie in einem Stadion – »Woah! Woah!« –, die Massen gingen mit jedem Schlag mit. Diese Eigendynamik erschien mir fast schon wieder gefährlich, aber trotzdem war das die Vision, die lebendig wurde, die wir wollten.*

Thomas: *Man kann das wie bei einer Granate beschreiben: Die hat, damit sie explodiert, eine kleine kritische Menge, die sehr sensibel ist, vier Gramm vielleicht auf ein Kilo. Und diese vier Gramm, die hat man von allen Seiten betrachtet und medial beschrieben – die Kirchenleute, die Punker, Leute, die oppositionell waren. Und*

die haben ja auch unbestritten ihren Anteil am Werdegang. Aber es bleiben immer noch die 99 Prozent, die sich ja auch in einer bestimmten Form verhalten haben. Und die fühlen sich heute weder widergespiegelt noch wertgeschätzt.

Liane: *Mein Vater hat schon 1985/86 geäußert, dass der Staat jetzt was machen muss, weil es so nicht weitergeht mit all den maroden Betrieben. Im Kindergarten habe ich das nicht bemerkt, weil wir super ausgestattet waren, da hat man immer Geld reingesteckt. Natürlich, es gab immer das gleiche Kompott und nur Weihnachten mal eine Apfelsine, aber grundsätzlich hat es uns an nichts gefehlt. Bei uns in der Einrichtung war auch keiner, der eine Ausreise beantragte oder sich in der Dienstberatung irgendwie konträr geäußert hätte, das kam bei uns nicht vor. Sodass ich das alles nicht unbedingt hab kommen sehen. Wie's dann passiert ist, hab ich natürlich auch mal Westfernsehen geguckt, aber ich hab's nicht richtig zusammenbekommen. All diese Menschen, die auf die Straße gegangen sind – wo ich immer gedacht habe, was wollen die denn? Sollen sie doch rübergehen, wenn's ihnen hier nicht gefällt.*

Lutz: *Natürlich hat man überlegt, als man das im Sommer 1989 mit Ungarn mitbekam. Aber ich bin nicht so ein mutiger Mensch, schon rein körperlich möchte ich solche Strapazen nicht unbedingt mitmachen. Sympathien*

habe ich schon dafür gehabt, ich habe die Leute auch verstanden. Aber ich wollte mich ihnen nicht anschließen.

Gudrune: *Es hat ja gekribbelt. Es war wirklich – die Luft brannte, immer mehr sind nach Ungarn abgehauen, eine Kollegin von mir kam auch nicht mehr aus dem Urlaub zurück, da waren wir irgendwie sauer. In der Zeit habe ich die Junge Welt gelesen, die war richtig ehrlich, da wurde geschrieben, was auf den Nägeln brannte. Und ich hab's auch verstanden – heute kann ich die Tagesschau vielleicht ein Mal gucken, aber beim zweiten Mal wird's mir schon zu viel. Ich habe gehofft, dass wir wirklich eine demokratische Republik bekommen, und wollte dazu beitragen. Wusste zwar nicht, wie, aber irgendwie habe ich mich trotzdem als Bestandteil der Revolution gefühlt.*

Katrin: *An den Westpaketen konnte man ja sehen, dass es drüben eine andere Auswahl gab, aber ich wusste nicht, was da wie läuft, was genau da anders ist – ein Feindbild habe ich nie gehabt. Vielleicht, wenn ich älter gewesen wäre, aber als die Wende kam, bin ich gerade erst dreizehn geworden. Los ging es mit den Demonstrationen, die habe ich natürlich mitbekommen. Und gemerkt, dass man in meiner Familie noch nicht wusste, wo das hingeht. Dann war das eigentlich wie eine Welle. Ich habe nicht alles verstanden, nur, dass es von DDR-Seite aus eigentlich anders gedacht war, dass es eher eine*

Zusammenführung sein sollte, aber auf einmal kam alles ganz anders. Und plötzlich war da die Angst vor der Entwertung des Geldes. Mein Opa, zum Beispiel, ist 1990 gestorben, und er hat meiner Oma noch im Krankenhaus mit auf den Weg gegeben: »Sieh zu, dass du noch ein paar Sachen kaufst, vielleicht einen Farbfernseher. Nicht, dass alles umsonst war.«

Thomas: *Im Oktober und November 1989 habe ich schön auf meine Raketen aufgepasst, dass die keiner wegnimmt – unser Boot war gerade generalüberholt worden. Und wir waren in Bereitschaft, hätte es gehupt, wären wir rausgefahren und hätten gehandelt, wie's erforderlich gewesen wäre. Am 21.12. rief dann unser Brigade-Chef an und sagte, um 23 Uhr möchte er den gesamten Personalbestand in der Messe haben, das war ungewöhnlich. Da standen also um die zweihundert Mann. Er kam rein, hatte seinen Adjutanten dabei, der hat den Befehl des Ministers vorgelesen: Jeder, der länger als achtzehn Monate gedient hat, kann ohne Angabe von weiteren Gründen am 3. Januar seine Entlassung beantragen. Man hätte ein Taschentuch zu Boden fallen hören können. »Noch mal vorlesen, bitte!« Und dann folgte ein Aufschrei. Wie in der Prager Botschaft. Von den Matrosen und den Unteroffizieren. Und wir Offiziere guckten zu Boden, wir wussten, das ist die Kapitulation, das war's.*

*Danach gab es keinen regulären Betrieb mehr, pro forma war noch ein Boot bestückt mit Offizieren und*

Mannschaft – wir haben Fußball gespielt, Schach oder Skat, es gab ja nichts Sinnvolles mehr zu tun. Das zog sich bis April. Und dann kamen die ersten Delegationen von der Bundesmarine und die ersten Herren von der US Navy, die sich umschauen wollten. Wo wird denn schon mal eine Marine aufgelöst? Einige von uns sind wirklich in die USA gegangen. Für mich wäre das keine Option gewesen, ich hatte schließlich geschworen, für dieses Land mein Leben einzusetzen. Ob der Einigungsvertrag diesen Schwur beendet hat, weiß ich nicht, da müsste ich noch mal im Kleingedruckten nachlesen. Aber offiziell befreit davon hat mich niemand.

Liane: *Meine Oma war 1989 schon in einem Pflegeheim, und meine Tante aus dem Westen kam regelmäßig für zwei Tage im Monat zu Besuch. Am 8. November, das war ein Mittwoch, erhielten wir ein Telegramm vom Heim, dass Oma verstorben ist. Freitagmittag sind meine Mutter und ich hingefahren, meine Tante war schon da und hing uns am Hals: »Ist das nicht toll?! Ist das nicht toll?!« Wir hatten das mit der Maueröffnung gar nicht mitbekommen, sondern uns nur gewundert, dass die Straßen so voll waren.*

*Im Dezember sind mein Mann und ich dann zu seiner Familie gefahren, die wohnten in Bad Hersfeld, eine richtige Odyssee. Dort wurden wir empfangen mit: »Und? Wie ist es so in der Zone?« Das war für mich schon – boah. Wie die über die DDR gesprochen haben. Für den*

*Kleinen hatten sie Kleidung gesammelt: »Ihr habt ja in der Zone nichts.« Auf der einen Seite habe ich mich gefreut, weil er ein Paar Elefantenschuhchen bekam. Aber wie die über uns gesprochen haben – uns hatte es doch an nichts gefehlt. Und ich hätte auch mit unserem Zeug leben können, mit unserer Seife, unseren Produkten.*

Thomas: *Es war eine friedliche Revolution, es gab keine Toten, und es gab Leute, die hatten die Waffen in der Hand, ich selbst saß ja auf dem Zeug. Aber wir hätten nicht im Traum daran gedacht, dieser Sache im Wege zu stehen. Wir haben uns sogar die Dienstvorschriften aus der Bibliothek geholt, schon im August, und nachgelesen, ob wir im Inneren eingesetzt werden dürfen. Nein. Und das hat auch nie jemand von uns erwartet. Es gehören immer zwei dazu, und die, welche die Waffen hatten, hatten vielleicht sogar den größeren Anteil am friedlichen Ausgang – weil sie sie nicht eingesetzt haben. Wenn du so erzogen worden bist wie wir, dann schießt du nicht auf deine eigenen Leute.*

Michael: *An 1989 habe ich selbst gar keine Erinnerungen, und in meiner Familie wurde darüber eigentlich nur anekdotenhaft gesprochen. Aber meine Eltern waren schon neugierig auf die andere Seite. Über eine Anzeige hatten sie Westdeutsche kennengelernt, die lebten in der Nähe von Aachen und schickten uns auch noch nach der Wende Westpakete. Wir haben uns auch gegenseitig besucht,*

und für uns war das schon eine andere Welt: Allein das Haus, wie die Einrichtung war, hell und irgendwie – Ledercouch. Mein Bruder und ich übernachteten in einem riesigen Gästezimmer mit eigenem Bad und bekamen zwanzig Mark geschenkt. Es sah fremd aus, dieses Geld.

Yvonne: *Mit dem System der DDR habe ich mich erst nach der Wende, also erst viel, viel später richtig beschäftigt, und da hat mich vieles ganz schön schockiert. Weil ich das nicht wusste und auch nie für möglich gehalten hatte. Was uns in der Schule teilweise vermittelt worden ist: Wir haben einen soliden, sicheren Staat, dem wirklich das Wohl seiner Bürger am Herzen liegt. Und dass alle gleich sind. Mich hat später echt geschockt, wie ungleich es dann doch war. Allein der materielle Luxus, den einige wenige hatten und den ich ja nun gar nicht kannte – ich bin in einer Altbauwohnung mit Kohleheizung aufgewachsen, wir hatten nicht mal fließend Heißwasser. Meine Mutter machte im Winter das Wasser auf dem Küchenofen warm, später benutzten wir einen Tauchsieder. Und die Toilette lag eine Treppe tiefer, im Winter war das immer ein Graus für mich, weil's so eiskalt war und die Toilette eingefroren – ich hab immer gebettelt, dass ich einen Nachttopf benutzen darf.*

## Nachbarinnen

Meine Lieblingsnachbarin in unserem Dorf in Amt Neuhaus ist vierundachtzig Jahre alt – nennen wir sie: Renate. Wann immer wir für längere Zeit am Deich sind, besuchen wir sie, erfahren unverzüglich alle Neuigkeiten aus der gesamten Umgebung und werden mit dem besten Kuchen Niedersachsens bewirtet (unter fünf Stücken kommt man nicht raus, will man die Gastgeberin nicht beleidigen). Renate ist die letzte »Einheimische« im Ort, alle anderen sind zugezogen und oft, wie wir auch, nur in den Ferien da. (Fast jedes Grundstück in Amt Neuhaus, das mit direkter Elblage aufwarten kann, ist zudem in westdeutscher Hand.) Renate wurde in unserem Dorf geboren und heiratete einen Mann von nebenan. Gemeinsam bewirtschafteten sie den Familienhof, doch auf einmal wollten LPG-Leute ihnen erklären, wie Landwirtschaft funktioniert, das passte den beiden gar nicht. Und dann hörten sie, in Berlin würde eine Mauer gebaut. Am späten Abend des 13. August 1961 buddelte Renates Mann also das Schlauchboot aus, mit dem er schon vorher einige Republikflüchtlinge heimlich über die Elbe gerudert hatte. Nun brauchten sie es selbst. Den Zaun und die Grenzhunde gab es damals noch nicht, sie schafften

es unentdeckt über den Fluss, Renate hielt ihrem ein-einhalbjährigen Sohn während der Überquerung den Mund zu. Am anderen Ufer angekommen entzündeten sie ein Feuer, damit ihre Eltern von drüben sehen konnten, dass alles gut gegangen war.

In der Bundesrepublik waren Landwirte willkommen. »Und wir wussten ja, dass wir arbeiten können«, erzählt mir Renate in einem Gespräch. Die Familie baute sich im Westen ein neues Leben auf, und Renates Mann setzte nie mehr einen Fuß auf DDR-Boden, sie fuhr zumindest zur Beerdigung ihrer Mutter. Nach der Wende erhielten sie den früheren Hof zurück, allerdings in katastrophal heruntergekommenem Zustand: »Da wohnte ein Schäfer mit seiner ganzen Herde im Erdgeschoss.« Unter der Woche arbeiteten sie im Westen, am Wochenende setzten sie den Hof wieder instand, mit der Pensionierung zogen sie ganz zurück ins alte Zuhause.

Ich sehe Renates Mann noch auf seinem Mäh-Trecker sitzen, jederzeit hätte man auf der großen Rasenfläche Golf spielen können. Leider ist er vor einigen Jahren gestorben, würde aber sicher staunen über die beiden Mäh-Roboter, die seit Neustem über das Anwesen wuseln. Der alte Jagdhund findet die Dinger zwar fragwürdig, kann aber wenig dagegen tun – denn Renate ist dem technischen Fortschritt gegenüber so aufgeschlossen, wie es in ihrem Alter nur selten vorkommt: Sie schreibt fleißig WhatsApp-Nachrichten,

verschickt Fotos und Videos und durchstöbert das Internet auf der Suche nach neuen Rezepten. Als sie vor einer Weile im Rathaus von Amt Neuhaus ihren Ausweis verlängern musste, stellte sie zu ihrer großen Missbilligung fest, dass unser Dorf – obwohl es ein eigenes gelbes Ortsschild besitzt – offenbar den Irrungen der Bürokratie zum Opfer gefallen war und nicht mehr als eigenständiger Ort existierte. Kurzerhand machte sie einen Termin beim Bürgermeister, erklärte ihm, dass das so nun wirklich nicht ginge, und nach ein paar Monaten standen wir wieder auf der amtlichen Landkarte. Um das zu feiern, lud Renate die Nachbarschaft zum Sektfrühstück ein. Ich bin aus vielen Gründen ein Fan dieser alten Dame, u. a. weil man an ihr quasi am lebenden Subjekt studieren kann, was die von der Psychologie so gern beschworene »Selbstwirksamkeit« ganz konkret bedeutet. Faul zu sein kommt für Renate nicht infrage. Dinge, die sie falsch findet, einfach hinzunehmen, erst recht nicht. Ich habe sie noch nie schimpfen oder jammern gehört.

Eine gegenteilige Beobachtung machte ich bei einer anderen Nachbarin – nennen wir sie: Jessi. Sie war etwas jünger als ich und lebte für zwei Jahre bei uns im Dorf, zunächst mit ihrer elfjährigen Tochter, später zog noch der Anfang zwanzigjährige Sohn bei ihr ein. Auch die anderen erwachsenen Kinder kamen häufig zu Besuch, innerhalb kürzester Zeit wurde Jessi zwei Mal Oma und hütete nun auch die Enkelkinder. In

Mecklenburg geboren und in der DDR aufgewachsen war ihr Radius klein geblieben, die Orte auf der gegenüberliegenden Elbseite hatte sie noch nie besucht, weil sie sich »im Westen« unsicher fühlte. Und obwohl die Lebensbedingungen für eine alleinerziehende Mutter, die von Hartz IV lebte und dazu ein paar Putzjobs hatte, anderswo fast überall besser gewesen wären, kam es für Jessi nicht infrage, diese Gegend zu verlassen, eine solche Veränderung lag irgendwie außerhalb ihrer Vorstellungskraft. Zu den Nachbarn im Dorf hielt sie Distanz, wir schlossen trotzdem irgendwann Freundschaft, weil mein Mann und ich Jessi wahnsinnig mochten. Sie war herzlich, wortgewandt, lustig und interessiert – doch ihr Leben versank permanent in absolutem Chaos: Die erwachsenen Kinder verloren ihre Jobs, verschuldeten sich, kamen mit dem Gesetz in Konflikt oder führten gewalttätige Beziehungen. Ex-Männer machten Stress, Arbeitgeber, bei denen Jessi hoffte, endlich wieder eine Festanstellung zu bekommen, nutzten sie aus oder betrogen sie. Dauernd war sie dabei, irgendetwas über »den Anwalt« zu regeln. Sie fuhr zur Mutter-Kind-Kur und war keine zwei Wochen nach ihrer Rückkehr schon wieder genauso kaputt wie vorher. Sie schaffte sich einen Hund an und gab ihn wieder ab, sie besorgte eine Katze und hatte nicht das Geld, sie sterilisieren zu lassen. Oft saß sie völlig aufgelöst bei uns auf der Terrasse oder im Wohnzimmer, und wir versuchten, zusammen mit ihr eine Lösung

für ihr aktuelles Problem zu finden. Doch man konnte darauf wetten, dass Jessi aller guten Ratschläge und Unterstützungsangebote zum Trotz am Ende immer die denkbar schlechteste Entscheidung traf. So sehr sie sich bemühte, landete sie doch immer wieder in der Opferrolle und hatte das Gefühl, die ganze Welt sei schlecht und habe sich gegen sie verschworen. Natürlich spielte »Bildungsferne« eine Rolle – Jessis kleine Tochter, die, wie alle ihre Kinder, einen englischen Vornamen hatte, wuchs ohne Bücher auf (ab und zu schenkte ich ihr eines, weiß aber nicht, ob da jemals wirklich reingeguckt wurde). Dafür lief den ganzen Tag RTL2, und selten hat es mir so wehgetan zu sehen, wie intelligente Menschen (denn das waren Mutter und Tochter) so dermaßen unter ihren Möglichkeiten blieben und schlicht kein Handwerkszeug besaßen, ihre »Schicht« bzw. »Klasse« (etwas, worüber wir in Zukunft wohl wieder häufiger reden werden) hinter sich zu lassen. Stundenlang haben mein Mann und ich uns den Kopf darüber zerbrochen, was es denn bräuchte, um Jessi aus ihrem Milieu loszueisen, sie für ein besseres Leben zu befähigen. Und selbstverständlich steckten darin auch Arroganz und Anmaßung unsererseits.

Obwohl sie auf dem Land lebte, baute Jessi im Garten nichts an – Kartoffelbrei kam bei ihr aus der Tüte, und als wir ihr einmal Milch ausliehen, war nicht zu übersehen, wie absonderlich sie deren Bio-Etikett fand. Manchmal verabredeten wir uns zum gemeinsamen

Grillen, aßen aber jedes Mal so gut wie nichts von dem, was der andere kredenzte. Während wir an unseren Bio-Bratwürsten aus der Region kauten und Jessis Discount-Brutzler nicht anrührten, beäugten sie und ihre Kinder misstrauisch unsere Hirse- und Rote-Beete-Salate: Ein veritabler Kulturclash und eigentlich zum Totlachen. Nicht so witzig fand ich dann den AFD-Aufkleber, der Jessis neues Auto zierte, sie hatte es sich von irgendeinem dubiosen Händler andrehen lassen, und Gott sei Dank ging es so schnell kaputt, dass ich nicht das Gespräch darüber suchen musste (das Auto wurde dann ein weiterer Fall für »den Anwalt«). Denn Jessi war nicht »rechts«, sie machte sich lustig über die idiotischen Gerüchte, die auf Facebook über Geflüchtete (bei Jessi natürlich: »Asylanten«) kursierten, und als wir ihr von einem syrischen Paar erzählten, das mit uns kochen wollte, fragte sie spontan, ob sie mitmachen könnte. Hätte ich Jessi wegen des AFD-Aufklebers zur Rede gestellt, wäre sie wahrscheinlich erschrocken gewesen. Sie beschäftigte sich nicht mit Politik, weil sie keinen Zusammenhang mit ihrem eigenen Leben wahrnahm, und in ihrem Umfeld war diese Partei vermutlich so selbstverständlich, dass sie keinen Gedanken daran verschwendete. Ihr Sohn hingegen hielt mir bei einem unserer Grillabende einen langen Vortrag über sein Interesse am Zweiten Weltkrieg, er war sicher, eines Tages noch einen »Russenschatz« zu heben, und das war alles so dermaßen krude, dass mir gar nichts mehr dazu einfiel.

Nach zwei Jahren verschwand Jessi einfach aus unserem Dorf, sie hatte Mietschulden und hinterließ keine neue Adresse. Dieser sang- und klanglose Abbruch unserer Beziehung kränkt mich bis heute, weil es mir etwas bedeutete, dass wir über so viel Trennendes hinweg in einem freundschaftlichen Kontakt stehen konnten. Vielleicht spielte bei dem abrupten Abschied auf Jessis Seite auch Scham eine Rolle. Ich möchte mir nicht anmaßen zu beurteilen, ob darin bzw. in Jessis gesamter Lebenssituation auch etwas »typisch Ostdeutsches« stecken könnte, aber mir fällt auf, dass das Thema Scham in den Gesprächen, die ich mit Ostdeutschen geführt habe, immer wieder auftaucht, manchmal ausgesprochen, manchmal nicht. Es scheint mit dem diffusen Gefühl einherzugehen, in dieser Welt nicht klarzukommen, Dinge nicht richtig beurteilen zu können, das eigene Leben einfach nicht in die Hand zu kriegen – auch Jessi warf sich oft genug vor, eine »Versagerin« zu sein. Und wenn ich auch nur einen Augenblick versuche, mir vorzustellen, wie sich das anfühlt, wird mir klar, dass es zerstörerisch sein muss.

Eine so tiefe Verunsicherung in manch ostdeutscher Seele dürfte aber eigentlich niemanden überraschen. Keiner von den nach dem Krieg geborenen Westdeutschen hat auch nur im Ansatz einen solchen Umbruch erlebt, wie er in Ostdeutschland in den 1990er-Jahren passierte. Wir wissen nicht, was es heißt, wenn das, was gestern noch richtig und gut war, heute

auf einmal keinen Wert mehr hat. Wir haben nie gesehen, wie Eltern, Lehrerinnen, all die Respektsperso-
nen, die uns den Weg ins Leben ebnen sollten, orientierungslos und überfordert vor Herausforderungen
standen, die sie zum Teil nicht bewältigen konnten. Wir
mussten nie diese Art wirtschaftlicher und sozialer De-
klassierung erdulden und pandemische Arbeitslosigkeit fürchten. Und deshalb sollten wir zuhören, wenn
Ostdeutsche erzählen, wie sie und ihre Familien »die
Wendejahre« erlebt haben und was diese Erfahrung bis
heute für sie bedeutet. Wir können daraus mit Sicherheit etwas lernen. Auch für all die Umbrüche, die uns
in Zukunft erwarten.

## Und kein Stein steht mehr auf dem anderen

Yvonne: *Im Sommer 1989 habe ich meine Schule beendet. Mein Weg war ja vorgeebnet, es stand fest, dass ich beim VEB Wohnungskombinat anfange und eine Ausbildung zum Wirtschaftskaufmann mache. Ich war dann aber fast ein halbes Jahr so krank, dass ich oft nicht mal das Haus verlassen konnte. Im Februar 1990 ging ich zurück in den Betrieb, und da war Chaos. Keiner wusste, wo's lang geht, ein Teil der Leute war schon gar nicht mehr da. Klar war nur, dass ich die Ausbildung nicht würde fortsetzen können. Die haben dann überlegt und gesagt: »Wir machen jetzt erst mal Folgendes, du bekommst einen Arbeitsvertrag.« Den habe ich auch unterschrieben. Und trotzdem immer gesagt: »Aber ich muss doch meine Ausbildung machen!« Und die haben gesagt: »Ja, aber wie soll das jetzt gehen?« Diese Zeit war einerseits total aufregend. Aber ich war auch völlig orientierungslos, total verunsichert, das wurde mir ja alles so übergestülpt.*

*Und dann ging alles ganz schnell, es kam eine Firma aus dem Westen, eine Spedition, und der Firmeninhaber sagte: »Ist doch toll, wir machen eine Spedition aus eurem Kombinat.« Dann hat er den Mitarbeitern eine Schnellbesohlung im Speditionswesen gegeben. Wir mussten nach Bielefeld, da hatten die ihren Hauptsitz – und ich habe*

gedacht, boah, ist das 'ne gruselige Stadt. Weil man vom Westen ja immer so eine Vorstellung hatte. Zurück im Betrieb stellten wir dann plötzlich Frachtpapiere aus. Es gab ja auf einmal einen Riesen-Konsum – Elektrogeräte, Fernseher, Waschmaschinen, Musikanlagen –, die Leute gierten danach, man kam überhaupt nicht hinterher. Und dann diese alten, klapprigen DDR-LKWs, die auf diesen alten, klapprigen DDR-Straßen fuhren. Die waren immer verstopft, weil die Infrastruktur nie für so etwas geplant war. Wir haben in Schichten geschuftet, selbst die wenigen Frauen, die im Büro noch übrig waren, wurden mit ins Lager geschickt, um die Ware zu verladen.

Was mir immer im Hinterkopf blieb: Ich hab ja keine Ausbildung! Den ursprünglichen Beruf konnte ich nicht mehr machen, den gab's gar nicht mehr. Der neue Chef meinte dann: »Mach doch eine Ausbildung zur Speditionskauffrau!« Aber in der DDR kannte man diesen Ausbildungsberuf nicht. Ich bin zum Arbeitsamt und zur Industrie- und Handelskammer, und dort hat man mir empfohlen, in die alten Bundesländer zu gehen. Also habe ich meine Ausbildung im Westen gemacht. Als erste ostdeutsche Auszubildende in einem Betrieb in Aachen. Das war für die schon was Exotisches, das habe ich gemerkt.

Katrin: *Bei mir in der Schule wusste man nach der Wende erst mal überhaupt nicht, was kommt. Die Lehrer mussten sich ja teilweise komplett umorientieren. Am*

*krassesten habe ich das bei meiner Russisch- und Ge-schichtslehrerin erlebt: Russisch brach weg, Geschichte war ja auch irgendwie nicht mehr ganz so wie vorher, und sie hat dann für uns den Französisch-Leistungskurs gegeben. Nachdem sie ein halbes Jahr vor uns angefan-gen hatte, Französisch zu lernen. Im Unterricht gab's re-gelmäßig Diskussionen, was richtig ist und was falsch, für sie muss das schlimm gewesen sein.*

*Man konnte niemanden fragen, niemand wusste Be-scheid. So war das eigentlich den ganzen Rest meiner Schulzeit, immer Durcheinander mit den Lehrern, die waren wie ein aufgescheuchter Hühnerhaufen. Einige von ihnen haben den Umbruch nicht verkraftet und fie-len über längere Zeit krankheitsbedingt aus. Dabei soll-ten sie uns doch etwas beibringen und auch ein bisschen zur Seite stehen. Am Ende der Schulzeit wussten wir nicht mal, ob uns ein Studium etwas bringt, ob man hinterher damit irgendwas machen kann – unsere Eltern hatten ja auch studiert, und es hatte ihnen nichts genützt. Des-wegen haben die guten Schüler die guten Ausbildungs-plätze abgegriffen, da verdiente man zumindest schon mal Geld. Ich selbst habe eine Ausbildung zur Verlags-kauffrau abgeschlossen und erst später noch Psychologie studiert.*

*Lutz: Natürlich hatte ich 1990 auch erst mal Angst, wie ich mich finanziell weiter entwickle. Ich habe meine Be-rufsjahre zusammengerechnet, da kam ich dann doch*

*auf die Zeiten, die man haben musste beim Arbeitsamt.*
*So bin ich reingekommen ins Arbeitslosengeld, kurzzei-*
*tig. Und das war auch interessant, das mal zu erleben,*
*da mal hinzugehen, zum Amt. Wo all diese schwitzen-*
*den, nicht-parfümierten Ostdeutschen saßen – da habe*
*ich gemerkt, es ist ernst.*

*Ich hatte in Ostberlin, kurz bevor die Schauspielschu-*
*le nach Ernst Busch benannt wurde, eine Mischung aus*
*Puppenspiel und Schauspiel studiert und war dann zum*
*Kindertheater gewechselt. Diese Astrid-Lindgren-Ge-*
*schichten, die im West-Theater gemacht wurden, kannten*
*wir nicht. Pippi Langstrumpf war nicht so unser Ding,*
*wir hatten ja lauter brave Pioniere mit weißer Bluse und*
*ordentlichem Pionierknoten.*

Gudrune: *Dass so viele Menschen bei uns den Anschluss*
*wollten, hat mich gewundert – ich wollte jedenfalls nicht,*
*dass alles so wird wie im Westen. Und dann diese Wahl,*
*wo alle CDU gewählt haben, ich hab nicht verstanden,*
*warum die alle jetzt plötzlich christlich sind. Meine Ent-*
*täuschung darüber war so groß, dass jegliches politisches*
*Interesse von mir gewichen ist. Über Nacht gab's dann*
*auch keine Kaufhalle mehr, keine Ostprodukte – gar kei-*
*ne. Dabei wollte ich doch einfach nur die Sachen kaufen,*
*die ich kannte.*

*1990 wurde ich im Fotolabor als eine der Ersten ge-*
*kündigt. Ich habe eine Abfindung bekommen und bin auf*
*eine Sprachreise nach England gefahren. Dort habe ich*

zum ersten Mal empfunden, dass man von weiter weg anders auf die Welt schaut, auch auf das eigene Land. Ich habe plötzlich Deutschland gesehen und nicht die DDR.

Als ich aus England zurückkam, wurde es ganz schön seltsam, weil ich keine Arbeit mehr hatte. Zum ersten Mal arbeitslos – ich habe mich erinnert, was uns in Staatsbürgerkunde erzählt worden war, in dieser Hinsicht hatten sie nicht gelogen. Mir ging's jedenfalls immer schlechter. Bis ich das Angebot bekam, in einem Jugendclub anzufangen, als ABM.

Liane: *Das Überstülpen der bundesdeutschen Gesetzgebung hatte zur Folge, dass all die Bildungsangebote in den Kindereinrichtungen vom Tisch gefegt wurden. Weil das alles angeblich zu politisch gewesen sei. Die Kinder sollten jetzt nur noch frei spielen und selbst entscheiden, was sie machen. Davon war ich kein Freund. Ich glaube, dass Bildung auch vor der Schule schon notwendig ist und nicht nur Spiel und Halligalli.*

*Dann kamen auch noch diese gemischten Gruppen. Früher waren die immer nach Alter gestaffelt gewesen, aber jetzt hatte ich in meiner Gruppe plötzlich sechs Vorschulkinder, fünf mittlere, sieben kleine und drei Babys. Alleine.*

*Und unsere DDR-Berufsabschlüsse wurden nicht richtig anerkannt. Auch ich musste meinen Fachschulabschluss als Erzieherin neu machen, halt nach bundesdeutschem Gesetz und mit einer Prüfung. Als*

stellvertretende KITA-Leiterin. 1994/95 habe ich gesagt: »Es reicht!« Ich bin ins Jugendamt gewechselt, die suchten ja händeringend Leute. Und da hatten wir dann einen Abteilungsleiter aus dem Westen, wo man, denke ich, froh war, dass er nicht mehr drüben sein Unheil anrichten konnte.

In den ersten zehn Jahren nach der Wende habe ich eigentlich nur funktioniert, um alles hinzubekommen. Ich war alleinerziehend und somit auch Alleinverdiener – in Vollzeit. Sozialversicherung, Krankenkasse, das gab's ja vorher alles nicht. Du musst erst da und da hin, du musst hier einen Antrag stellen, du brauchst Überweisungen für Fachärzte, das Krankenschein-Bearbeitungsverfahren ist jetzt so – und, und, und! Versicherungen mussten abgeschlossen werden, die Vertreter haben uns ja die Türen eingerannt.

Wir haben uns untereinander dauernd gefragt: »Wie habt ihr das gemacht?«, »Hast du diesen Satz verstanden?«, »Was bedeutet das jetzt wieder?!« Es hat Jahre gedauert, bis man überhaupt mal zum Nachdenken kam.

Viele, die gleich arbeitslos wurden und dann dauernd in Arbeitsbeschaffungsmaßnahmen steckten, wurden immer unsicherer: »Was kann ich denn überhaupt noch? Jetzt habe ich eine extra Ausbildung gemacht, war viele Jahre ABM-Kraft, hab mich eingebracht und bin trotzdem wieder nicht genommen worden! Was denn noch?!«

Junge Mütter sind zu mir ins Jugendamt gekommen, weil sie überlegt haben, ihr Kind zur Adoption

*freizugeben. Sie haben zu mir gesagt: »Ich habe schon zwei Kinder, ich schaffe es nicht, wieder so einen Bruch zu erleben, wenn ich das dritte behalte. Ich bin so froh, dass ich endlich diese Stelle habe, und wenn ich jetzt wieder ausfalle, ist der Job weg! Und dann?«*

Peter: *Die Westkirche stellte einfach den Anspruch: »Ihr macht jetzt alles genau so, wie wir es schon seit Jahrzehnten machen.« Dabei hatten wir doch eine eigenständige Form entwickelt, Kirche zu sein im Sozialismus. Diese Fragestellung – »Wer sind wir denn jetzt eigentlich, die DDR-Kirche?« – hat uns sehr beschäftigt. Einige meiner Kollegen und ich haben auch gesagt: »Wir wollen die West-Gehälter nicht, das ist Bestechung. Wir stehen ja mit diesen Gehältern plötzlich besser da als ganz viele Menschen um uns herum.« Zu DDR-Zeiten war das überhaupt nicht so. Mich hat jeder Arbeiter ausgelacht für das Gehalt, das ich bekomme. Und ich war stolz drauf. Deswegen bin ich doch nicht ins Pfarramt gegangen.*

Thomas: *Wenn du früher bei der Volksmarine ausgeschieden bist, war das wie bei der Bundesmarine: Es gab Programme, du hättest studieren können, und sie hätten irgendwo einen Job für dich freigehalten, dir eine Wohnung gegeben, die Familie integriert. Dafür war jetzt keine Zeit mehr. Es hieß, wer einen neuen Arbeitsvertrag vorweisen kann, bekommt eine kleine Abfindung, ein Übergangsgeld. Mein Bauchgefühl sagte mir, dass*

ich in der Bundesmarine nicht willkommen sein würde. Deshalb habe ich gedacht, ich versuche es mit einem Job, und habe das ganze Telefonbuch durchtelefoniert, aber es gab keine Chance, alles war im freien Fall, noch vor der Währungsunion, jeder hielt sich nur noch an seinem Stuhl fest. Wie bei einem untergehenden Schiff.

Für die Jobsuche habe ich vierzehn Tage Sonderurlaub bekommen. Am zwölften Tag sehe ich an der Hauptpost einen kleinen Zettel: »Wir benötigen Arbeitskräfte zum Paketaustragen.« Ich sofort zur Kaderchefin der Post und ihr meine Geschichte erzählt: »Ich brauche morgen früh einen unterschriebenen Arbeitsvertrag.« »Den können wir fertig machen«, sagt sie. »Sie können in der Bahnhofsbuchhandlung anfangen.« Dafür bin ich ihr noch heute dankbar.

Ich hatte also meinen Arbeitsvertrag und bin mit stolzgeschwellter Brust zu meinem Brigade-Chef. Der hat mich umarmt. Außerdem wurde mir eine monatliche Übergangsrente von 850 Mark für drei Jahre zugesagt. Meine Frau hatte inzwischen eine Wohnung organisiert, ich also raus aus meiner perfekten Dienstwohnung mit Balkon und rein in eineinhalb Zimmer, wo das Licht flackerte, wo es kein warmes Wasser gab und der Putz von den Wänden fiel.

In die Bahnhofsbuchhandlung kam dann auf Paletten der ganze bunte Kram aus den Westverlagen: der Spiegel, der Stern, Frau im Spiegel, Ochs im Spiegel, was weiß ich. Und die Leute standen quer durch die

Bahnhofshalle bis zum Taxistand, in zwei Reihen, unsere Kasse quoll ständig über. Ein Otto-Katalog für zehn Mark, davon haben wir, glaube ich, drei Paletten an einem Vormittag verkauft. So ging das bis zum 3. Oktober, ich hatte fast denselben Lohn wie als Offizier, weil es auch eine Provisionsregel gab. Aber am 3. Oktober war's damit vorbei – ich erhielt einen neuen Arbeitsvertrag für die D-Mark, ohne Provision. Da bin ich hart auf die Bretter geknallt. Am selben Tag kam ein Schreiben, dass sie die Übergangsrente einstellen. Das war mein erster Tag in der Bundesrepublik Deutschland.

Am Montag nach dem 3. Oktober bin ich in meinen Konsum gegangen, wo ich sonst immer meinen Kram gekauft habe, aber der Konsum war plötzlich wie ein Intershop – ich bin gleich wieder raus, ohne etwas zu kaufen, so verunsichert war ich. Es gab ja nicht mal mehr die Butter, die ich kannte. Ich habe erst mal gar nichts mehr gegessen und fünf Kilo abgenommen.

Katrin: *Eigentlich wäre ich gerne mal weggegangen. Ich bin sehr interessiert an anderen Kulturen und hätte gern mal ein Jahr woanders gelebt. Aber ich hatte das Gefühl, dass mir dann hier die Wurzeln fehlen, also dass ... Ich wollte einfach hierbleiben, um das bisschen, was noch da ist, zu behalten. Damit nicht alles abreißt. Damit ich nicht von irgendwo zurückkomme, und hier ist alles anders, und kein Stein steht mehr auf dem anderen.*

## Kulinarische und andere Konflikte

Der Kulturclash in Sachen Ernährung, der sich schon bei unseren Grillabenden mit den Nachbarn zeigte, lässt sich problemlos auf die ganze Elbtalaue im ehemaligen DDR-Sperrgebiet ausweiten. Während man gegenüber, im Wendland, in jedem zweiten Dorf einen Hofladen findet, der regionale Bio-Produkte verkauft, habe ich etwas Vergleichbares zwischen Boizenburg und Lenzen kaum je entdecken können. Gut, es gibt in Amt Neuhaus das *Haus des Gastes*, wo man tapfer Honig, Saft und Auerochsenwurst aus der Gegend anbietet, Erzeugnisse von den *Arche-Höfen*, die sich zum Ziel gesetzt haben, alte Haus- und Nutztierrassen vor dem Aussterben zu bewahren. Aber sonst muss man weit fahren, um an einem Ort frische Eier zu holen und woanders einen Sack Kartoffeln. Auch das gastronomische Angebot in der Region ist für verwöhnte Großstadt-Wessis eher unbefriedigend. Mein Mann und ich haben in den letzten fünfzehn Jahren so gut wie alles abgeklappert, was es diesbezüglich zu entdecken gibt, aber, um ehrlich zu sein: Die Lokale, in denen wir uns wohlfühlen und wo uns das Essen schmeckt, sind fast ausschließlich in westdeutscher Hand. Wer jemals die traurige Muslima mit Kopftuch einsam vor ihrem

Restaurant in Dömitz hat sitzen sehen, wo die Speisekarte Pizza, Döner, Soljanka und Schnitzel feilbietet, bekommt eine Ahnung davon, in welch kulinarischem Wasteland man sich hier befindet. So richtig verstanden habe ich das nie. Nehme aber an, dass eine bestimmte Vorstellung von »gutem Essen« in manch ostdeutschem Landstrich schlicht keine Rolle spielt und zwar unabhängig von der Einkommenssituation der Bevölkerung. Dafür boomt ein neuer Laden mit Original-DDR-Softeis, inklusive Hammer- und Sichel-Fahne und Honecker-Bild an der Wand. Und tatsächlich sehe ich da immer wieder glückliche ältere Menschen rauskommen, die sich durch den Geschmack dieses Eises – vergleichbar mit der Proust'schen Madeleine – für einen Moment in eine offenbar schönere Vergangenheit zurückversetzen können.

An dem Dresdner Freund, der mich anfangs für noch so eine »professionelle West-Schnepfe« hielt, habe ich ein paar Mal beobachten können, dass in der demonstrativen Bejahung von miesem Essen sogar eine quasi-politische Äußerung steckt: Die Abgrenzung zur Bürgerlichkeit mit all ihrer verfeinert-dekadenten Lebensart. Auch in Paula Irmschlers Chemnitz-Antifa-Roman *Superbusen* scheint dieses Motiv immer wieder durch – mit Ansage die billigsten Nudeln mit der billigsten Tomatensoße zu futtern, scheint irgendwas mit aktivistischem Links-Sein zu tun zu haben. Nun finde ich das Bohei, das manche Leute in meinem Umfeld

ums Essen veranstalten, auch lächerlich bis lästig, aber dieser Zusammenhang leuchtet mir bislang trotzdem nicht ein.

Ein von einem tatkräftigen ostdeutschen Paar geführtes Scheunencafé besuchen mein Mann und ich in der Elbtalaue regelmäßig, u. a. weil der Inhaber Jäger ist und die extrem leckeren Wild-Bratwürste selbst macht. Hier treffen sich Fahrradtouristen, Einheimische und Leute wie wir, die sich zwar auch schon lange in der Gegend aufhalten, aber niemals richtig dazugehören werden. Eines Abends, wir wollten eigentlich schon zahlen, kamen wir mit einem bereits etwas angedudelten, älteren Herrn ins Gespräch, der dann gar nicht damit aufhören konnte, uns aufzuzählen, welche Familie zu jedem Haus im Umkreis von zehn Kilometern gehörte. Wir kannten keinen einzigen Namen und begriffen irgendwann, dass er sich nicht in der Gegenwart aufhielt, sondern in der DDR, wo er als Deicharbeiter tätig gewesen war. Schließlich nannte er Renates Hof, und seine Stimme wurde verächtlich: »Die haben ja rübergemacht.« Es folgte eine weitere abschätzige Auflistung derjenigen, die in den Westen »abgehauen« waren, irgendwann ging der Wirt dazwischen, und wir brachen auf. Diese Begegnung beschäftigte mich lange. Weil ich es nicht für möglich gehalten hatte, dass jemand eine Republikflucht von vor fünfzig Jahren noch heute als Verrat wahrnimmt. Aber genauso scheint es zu sein.

Auch der Schriftsteller Wolfgang Hegewald, der 1983 aus der DDR ausreiste und den Begriff »Diktaturflucht« als angemessener empfindet als »Republikflucht«, schreibt 2019 im FAZ-Essay *Von Abgehauenen, Daheim- und Zurückgebliebenen*: »Über meinesgleichen heißt es bis heute, in Ost und West: abgehauen! Ein pejorativ aufgeladener Bedeutungshof. Wer abhaut, lässt etwas im Stich, handelt ehrlos, ist ein Volksverräter.« Hegewald frage sich gelegentlich, »welche Bedeutung unserer Rolle und Lebensleistung im gesamtdeutschen Mentalitätsstoffwechsel zukommen mag. Wir haben auf höchst unterschiedliche Weise das Weite gesucht und die Initiative für das eigene Leben ergriffen. Ob etwas glückt oder scheitert, liegt nie allein bei einem selbst. Mich mit dem Monstrum Ausreiseantrag herumgeschlagen zu haben, begreife ich, bei allem Verschleiß von Lebenszeit und -energien, der damit einhergegangen sein mochte, als die Freiheitstatsache meines Lebens schlechthin. Es ist die elementare Erfahrung, dass billige Freiheit nichts wert ist.«

Eine innere Haltung, wie Wolfgang Hegewald sie formuliert, entspricht nicht unbedingt dem »Mindset«, mit dem Diktaturen ihre Bürgerinnen und Bürger ausstatten. Und so, wie in Westdeutschland erst 1968 wirklich begonnen wurde, das noch überall anwesende strukturelle und ideologische Erbe des Nationalsozialismus ans Licht zu zerren und dadurch zumindest in Teilen unschädlich zu machen, ist die DDR – ohne

dass ich die beiden deutschen Diktaturen auch nur im Ansatz miteinander vergleichen möchte – in manchen Köpfen eben bis heute nicht abgeschafft. Sondern wirkt weiter, manchmal bis in die nächsten Generationen.

## Wettkampf auf dem Markt

Yvonne: *Mein Vater ist 1997 gestorben, er wurde nur sie-*
*benundfünfzig Jahre alt. So sehr er immer auf die DDR*
*geschimpft hatte – was danach passierte, hat er viel*
*schlechter verkraftet. Die Arbeitslosigkeit hat ihn früh er-*
*wischt, er hatte sein ganzes Leben in einem Elektromoto-*
*renwerk gearbeitet, das war dann weg. Er ist nie wieder*
*in Arbeit gekommen, nur von einer ABM zur anderen,*
*teilweise wirklich sinnlos. Er fing an, stark dem Alkohol*
*zuzusprechen, und starb dann an Kehlkopfkrebs.*

*Meine Mutter hatte bei der Deutschen Reichsbahn*
*gearbeitet, in einer der Kantinen für die Werktätigen.*
*Ein Vierundzwanzig-Stunden-Betrieb, die Versorgung*
*musste rund um die Uhr gewährleistet sein. Sie arbeitete*
*im Zwölf-Stunden-Schichtsystem, auch am Wochenende,*
*auch nachts. Das ging nach der Wende noch eine Weile.*
*Aber auch nachdem die Reichsbahn plattgemacht wurde,*
*hat meine Mutter immer irgendwas gefunden, Hauswirt-*
*schaftshilfe, Zeitungen austragen, sie hat alles gemacht.*
*Für sie war es selbstverständlich, dass der Inhalt des Le-*
*bens im Arbeiten besteht.*

Michael: *Mein Vater hat Baufacharbeiter gelernt und bis*
*in die 1990er-Jahre in einer Zimmerei gearbeitet. Dann ist*

*er zum ersten Mal arbeitslos geworden. Das war ein klei-*
*ner Handwerksbetrieb, nicht volkseigen, sondern privat,*
*das gab es selten. Der ist nicht mal pleitegegangen, das*
*war ein ganz komisches Ding – der Junior hatte über-*
*nommen und irgendein krummes Ding am Laufen. Von*
*da an hat mein Vater sehr unstet gearbeitet: Mal in einer*
*ABM-Maßnahme für zwei Jahre, dann wieder irgendwo*
*angestellt, manchmal nur für ein halbes, dreiviertel Jahr.*
*Zwischendurch hat er sich auch mal selbstständig ge-*
*macht, Gerhard Schröder – Ich-AG. Da dachte ich, endlich*
*stellt er sich auf die eigenen Füße. Aber das war nichts. Er*
*konnte mit dieser Selbstbestimmtheit, mit dieser Freiheit,*
*aber gleichzeitig eben auch dieser Unsicherheit – damit*
*konnte er nicht umgehen. Er brauchte die Verlässlichkeit*
*und Sicherheit einer Anstellung. Nicht, dass er faul gewe-*
*sen wäre, im Gegenteil: Er hat viel zu viel gearbeitet und*
*sich oft unter Wert verkauft. Als ich seine Rechnungen ge-*
*sehen habe, hab ich gesagt: »Du verkaufst dich viel zu bil-*
*lig, wieso machst du das denn?« Er meinte, es müsse doch*
*nur zum Leben reichen.*

*Geld war immer ein Thema: Was kostet wie viel, was*
*darf man sich gönnen? Dauernd wurde auf den Pfen-*
*nig geguckt und in meinen Augen auch sinnlos gespart.*
*Zu DDR-Zeiten war das anders gewesen. Da war meine*
*Familie fast privilegiert, weil wir auf dem Land lebten,*
*auf einem Bauernhof. Und man wusste, wen man an-*
*sprechen muss, wenn man etwas Bestimmtes wollte. Leg-*
*te man eine Packung Eier drauf, kam man schneller an*

sein Baumaterial, das war so üblich – Beziehungen zu pflegen, immer mit allen gut zu stehen, auf keinen Fall irgendwen vor den Kopf zu stoßen.

Max: *Irgendwann beim Kaffeetrinken – ich war noch auf dem Gymnasium und weiß gar nicht, wie wir auf das Thema gekommen sind – meinte meine Oma, mein Opa sei in der Partei gewesen. Meine Mutter war richtig geschockt, weil sie das nicht wusste. Mein Opa hatte bei der Bahn gearbeitet, und meine Oma hat zu mir mal gesagt: »Wär er nicht in der Partei gewesen, hätte er bestimmt mal 'nen Unfall gehabt.« Ich glaube, sie meinte, man hätte ihn aus dem Weg schaffen wollen. Oder ihm zumindest den Job wegnehmen.*

*Ich habe meine Oma auch mal gefragt, ob sie eigentlich in ihre Stasi-Akte geguckt hätte. Und sie hat erzählt, sie hätte mit einer Freundin telefoniert, als die Akten gerade zugänglich gemacht wurden, und die meinte: »Tu dir das nicht an. Damit ruinierst du nur Freundschaften.« Da wusste meine Oma, wer ihr IM war. Sie hat aber tatsächlich nicht reingeguckt in die Akte.*

*Meine Mutter war in der DDR gelernte Bäckerin. Als mein Bruder geboren wurde, hat sie aufgehört zu arbeiten. Jetzt ist sie gelernte Gebäudereinigungsfachkraft. Meine Oma mütterlicherseits war Melkerin und Postbotin in der DDR. Mein anderer Opa war Pflasterer, und meine Oma väterlicherseits hat in einem Unternehmen Fernseher zusammengesetzt.*

*Ich hatte nie den Eindruck, dass meine Familie im vereinten Deutschland nicht angekommen wäre. Aber es ist immer noch ein Selbstverständnis da, besonders bei meinen Großeltern, so nach dem Motto:* »Es war nicht alles schön, aber es war auch nicht alles schlecht.« *Oder:* »Es war nicht alles gut, aber heute ist es schlimmer.«

Katrin: *Mir wird immer mehr bewusst, was für uns Ostdeutsche besonders wichtig ist: Loyalität. Auch dem Arbeitgeber gegenüber und andersrum vom Arbeitgeber mir gegenüber. Das finde ich in den Betrieben heute ganz selten.*

*Ich arbeite bei der Sozialberatung, wir suchen Arbeitsplätze für Menschen mit Behinderung. Und das kann man an einer Hand abzählen, die Arbeitgeber, die sich wirklich für Menschen mit Behinderung in ihrem Betrieb engagieren. Also nicht nur irgendwie dulden, sondern sagen:* »Der hat hier – und wenn's bloß zehn Jahre sind – gute Arbeit für mich geleistet, den schleife ich jetzt noch bis zur Rente durch, das kriegen wir irgendwie hin.« *Stattdessen geht es nur noch darum, Leistung zu bringen. Und wenn einer keine Leistung bringt, wenn er ein Störfaktor ist, dann muss er halt weg.*

Max: *In der DDR musste man sich aufeinander verlassen, glaub ich. Man hatte halt nicht so viel, aber man hat sich gegenseitig geholfen – wenn's bei einem Bananen gab, hat man dem eben beim Dachreparieren geholfen*

und was davon abbekommen. Meine Oma hat mir das so erzählt, ich bin »Zweite-Hand-Ostalgist«.

Mein Opa und meine Oma haben zum Beispiel mit einer meiner Lehrerinnen in einem Haus zusammenge-wohnt. Und wenn die mal nicht reinkam, weil sie ihren Schlüssel vergessen hatte, hat mein Opa das Schloss für sie aufgebrochen, mit seinem Werkzeug. Dafür hat sie sich bedankt, und da gab's dann richtige Feiern im gan-zen Haus, für die meine Oma immer einen Riesentopf Soljanka gekocht hat. Ich selbst bin in einem Zweifami-lienhaus aufgewachsen, wo man die Nachbarn kaum kennt.

Einsamkeit ist für mich ein Thema im Kapitalismus. Weil der nun mal Wettkampf auf dem Markt bedeutet, und ob man will oder nicht, bleiben dabei einige auf der Strecke. In der DDR wurde man ja indirekt gezwungen zu arbeiten, aber das find ich gut, ehrlich gesagt: Genug Arbeitsplätze für alle, und das Geld, das man verdiente, hat immer gereicht. Ich finde es nicht mal schlimm, dass man die Berufsausbildung der Leute nach Bedarf orga-nisiert hat. Solche Sachen muss man in Kauf nehmen, wenn man will, dass es dem Land gut geht.

Michael: Ich glaube, das Leben in der DDR hätte ich als zu eng empfunden. Wenn ich mir vorstelle, sich da fort-während anpassen zu müssen, immer quasi erahnen zu müssen, wem könnte man auf die Füße treten. Wer spielt welche Rolle, und welche Rolle hat er neben der, die

er nach außen hin darstellt. Es muss ja ein Seiltanz gewesen sein, unglaublich anstrengend. Jetzt habe ich die
Freiheit, alles zu tun. Was gleichzeitig natürlich auch
Unsicherheit mit sich bringt, die man lernen muss zu ertragen. Und das bleibt eine Schwierigkeit, wenn die eigenen Eltern es nicht konnten und einem eben auch nicht
beibringen konnten, die Freiheit zu nutzen.

Ich bin heute noch ängstlich, Risiken gehe ich nicht
einfach so ein. Ich brauche immer einen Anker oder eine
Rückversicherung.

Katrin: *Diese ostdeutsche Anpassung: Sich anzupassen
– das zieht sich durch meine ganze Biografie. Und gerade fällt es mir auf die Füße. Dass ich so weit mitgelaufen
bin, dass ich versucht habe, irgendwie durchzukommen
– darüber habe ich mein Eigenes irgendwie… verloren ist
zu viel gesagt, aber ich weiß nicht mehr richtig, wo ich
stehe.*

## Über sieben Brücken

Viele Jahre gab es in meinem Freundeskreis keinen einzigen Menschen aus Ostdeutschland. Sicher, an den Theatern in Lübeck und Kassel, an denen ich arbeitete, traf man auf den einen Kollegen oder die andere Kollegin, aber wirklich nah kam man sich nicht, und ich kann mich auch nicht daran erinnern, mir jemals Gedanken über ihre Herkunft gemacht zu haben. Interessant fand ich nur, dass auf der Bühne jetzt manchmal unterschiedliche Auffassungen in Sachen Schauspielkunst aufeinanderstießen – den Ost-Darstellern attestierte man vor allem große handwerkliche Virtuosität, während die West-Kolleginnen eher für authentische Gefühle zuständig waren. Vereinfacht gesagt standen die einen für Kälte, die anderen für Hitze, und das leitete sich ab von ihrer jeweiligen Schauspieltechnik. Während man im Osten eher den Weg »von außen nach innen« verfolgte (eine Geste machen und gucken, welches Gefühl hinterherkommt), schlug man im Westen die umgekehrte Richtung ein (wenn man das Gefühl einer Figur richtig zu fassen bekommen hat, weiß der Körper eh, was er machen muss), und dazwischen verlief ein durchaus ideologischer Graben: Auf der einen Seite eine noch in der DDR geschulte materialistische

Weltauffassung, auf der anderen die westliche Vorliebe für psychologisches Gründeln. Bis heute habe ich den Eindruck, dass man in den ostdeutschen Bundesländern eher selten tiefenpsychologisch arbeitende Therapeutinnen und Therapeuten findet, sondern lieber auf Verhaltenstherapie setzt, was auch damit zu tun haben könnte, dass die klassische Psychoanalyse in der DDR bis zum Schluss verpönt war, aber das nur am Rande. Auf der Bühne konnte das trotzdem ganz famos zusammengehen, schließlich blieb das Ziel beider Herangehensweisen ja dasselbe – die glaubwürdige Verkörperung einer Figur.

1999 verließ ich mein Festengagement in Kassel, zog nach Hamburg, um mich in das Abenteuer der Selbstständigkeit zu stürzen, und spürte zum ersten Mal den neuen kalten Wind des freien Marktes. War mir zu Schulzeiten noch das Gefühl vermittelt worden, dass ein bisschen Begabung und Fleiß in jedem Fall genügten, um das eigene Leben bestreiten zu können, stellte sich die Welt nun plötzlich anders dar, das neoliberale Projekt, das in Deutschland federführend von der Schröder-Regierung umgesetzt werden sollte, hatte begonnen. Das ist tatsächlich etwas, das sich viele Ostdeutsche meiner Erfahrung nach nicht richtig vorstellen können, weil sie meinen, der »Westen«, der in den 1990er-Jahren über sie kam, sei schon immer genauso gewesen. Ich möchte die soziale Marktwirtschaft der alten Bundesrepublik nicht unnötig verklären, aber dass

sich der Staat von der Wiedervereinigung bis heute mehr und mehr aus der Fürsorge für seine Bürgerinnen und Bürger verabschiedet hat, wird wohl niemand bestreiten.

Natürlich hatte ich auch Entscheidungen getroffen – mein geisteswissenschaftliches Studium nicht offiziell abzuschließen, zum Beispiel, weil ich nun mal Künstlerin sein wollte –, borniert, wie man es in diesem Alter ist, war ich einfach davon ausgegangen, problemlos das Geld verdienen zu können, das ich für mein bescheidenes Leben brauchen würde. Aber so einfach war es nicht. Aus der Arbeitslosigkeit heraus gründete ich eine Ich-AG (die damals nur noch nicht so hieß) und machte neben einer gelegentlichen Konzeptionstätigkeit für eine Eventagentur (ein Job, über den ich kurz zuvor noch verächtlich die Nase gerümpft hätte) auch so richtig miese Sachen wie Kunden im MediaMarkt Fernseher eines bestimmten Herstellers anzudrehen. Die Hoffnung, mir nach und nach als Regisseurin einen Namen zu erarbeiten, mit der ich angetreten war, trübte sich jedenfalls schnell, und der Kontostand war ständig ein Thema.

Eines Tages erreichte mich über die besagte Eventagentur jedoch eine interessante Anfrage: Gemeinsam mit meinem damaligen Freund, der regelmäßig für die Agentur tätig war, sollte ich am ehemaligen Grenzübergang Helmstedt/Marienborn eine Ausstellung zum Thema *10 Jahre Deutsche Einheit* konzipieren. Es

gab nicht wirklich etwas, das uns dafür qualifizierte, und man kann sich natürlich auch fragen, warum eigentlich ausgerechnet eine Eventagentur damit betraut wurde, aber wurscht – ich kam zum ersten Mal wieder in Kontakt mit dem Thema, las einen Haufen Bücher und Zeitungsartikel und überlegte, wie man das Ganze visuell aufbereiten könnte, wofür in der Ausführung übrigens eine Grafikagentur verantwortlich zeichnete, die genauso aus dem Westen stammte wie mein Freund und ich. Der einzige Ostdeutsche im Team war der Projektleiter aus der Eventagentur – und das checkte ich leider erst, nachdem ich nach der Begehung des ehemaligen Grenzübergangs lautstark darauf bestanden hatte, unbedingt »im Westen« essen zu gehen. (Wir landeten dann in Wolfsburg, im *Hoffmann von Fallersleben-Haus*, an dessen Fassade ein Teil der ersten Strophe der deutschen Nationalhymne stand, was uns schwer irritierte. Keine Ahnung, ob das heute noch so ist, die Internet-Fotos, die ich gefunden habe, sind zu klein, um das zu beurteilen.) Der Projektleiter merkte in Sachen Ausstellungskonzept weder inhaltlich irgendetwas an noch steuerte er die persönliche Erfahrung, über die sonst niemand am Tisch verfügte, bei – er machte nur still und freundlich seinen Job und bezahlte das Abendessen. Bei der Ausstellungseröffnung am 3. Oktober 2000 war es kalt, ein Besucher pöbelte mich an, warum auf dem Zeitstrahl, den wir im Raum installiert hatten, nur die Ausschreitungen

von Hoyerswerda und Rostock dokumentiert seien und keine linke Gewalt, und wenn mich nicht alles täuscht, gab's draußen dann noch ein Live-Konzert von Karat.

Ich hatte also durchaus Zeit mit der Frage verbracht, wie es denn nun stand um die deutsche Einheit. Doch ich kann nicht behaupten, dass das emotional einen größeren Eindruck hinterließ, zumal ich ja auch nie direkt mit einem Menschen über seine Erfahrungen in der DDR und im wiedervereinigten Deutschland gesprochen, sondern alle Inhalte »vermittelt« konsumiert hatte, in Gestalt gedruckter Texte. Man könnte auch sagen: Ich hatte trotz aller Recherche null Empathie für Ostdeutschland und seine Bewohnerinnen und Bewohner aufgebracht. Nie hatte ich versucht, mir vorzustellen, was es bedeutet, Teil einer Gesellschaft zu sein, die auf so ganz andere Werte und Ideale gesetzt hatte als die, in der ich aufgewachsen war (dass die Bekenntnisse zu diesen Werten und Idealen in Teilen auch verlogene Lippenbekenntnisse waren, sei mal dahingestellt). Wenn meine *Generation Golf* (eine Sozialisationsbeschreibung, mit der in Ostdeutschland kein Mensch auch nur das Geringste anfangen kann) nämlich etwas auszeichnet – zumindest glaube ich das nach Jahrzehnten der intensiven Beobachtung –, ist es die absolute Unfähigkeit, eine Alternative zum Kapitalismus in Wahrheit auch nur denken zu können, und zwar trotz aller möglichen Sympathien für linke bzw. kapitalismuskritische Positionen. Deshalb können wir

uns auch erst recht nicht einfühlen in so etwas wie einen kollektiven Werteverlust: Wenn dort, wo eben noch das Ideal Sozialismus leuchtete, plötzlich eine klaffende Lücke entsteht, die nicht mit etwas anderem gefüllt wird. Sondern einfach bleibt.

# Es fehlen bloß die Ideale

Lutz: *Wenn ich heute »Sozialismus« höre, denke ich, das war eben nicht richtig, das hat nicht geklappt. Die haben da etwas versucht, was nicht stimmt, und manche Leute sehr hart behandelt. Klar, der Honecker saß selbst zehn Jahre im Nazi-Knast, Respekt und alles, aber die wollten eben wirklich Klassenkampf. Diese alten Kämpfer waren ja selbst verprügelt, eingesperrt und totgeschlagen worden. Und die haben den Staat dann geführt.*

Michael: *»Sozialismus« ist für mich ein Kampfbegriff, natürlich massig belegt und massig bedeutsamer gemacht, als er ist – ein Konstrukt eben. Ich persönlich empfinde ihn ideologisch als gar nicht mehr so aufgeladen, aber ich weiß, was er für andere bedeutet. Mich interessieren eher seine praktischen Konsequenzen.*

*Das Problem mit diesem Begriff ist, dass man ihn nicht mehr mit Leben füllen kann, weil nur das Konstrukt und seine Verbindung zur Geschichte diskutiert wird. Der real existierende Sozialismus ist von den Ostdeutschen aber schließlich gelebt worden, während er in Westdeutschland immer nur Idee geblieben ist. Darüber mit westdeutschen Linken zu diskutieren ist immer furchtbar. Da wird die Idee überhöht und als Ideal*

gefeiert. Von den Rechten wird »Sozialismus« eher abqualifiziert, wobei die, glaube ich, sogar noch eher einen Zugang über Pragmatismus kriegen würden. Es gibt daran ja vieles, was total sinnvoll ist. Bestimmte Dinge gehören nun mal staatlich reguliert, es muss ja nicht gleich die Lebensmittelration sein.

Max: *Man hat das Gefühl, es fehlt was. Je mehr ich mich damit beschäftige und auch weiter nach Osten gucke, Richtung Russland oder Polen, habe ich immer mehr das Gefühl, mir wurde etwas weggenommen, was ich nie hatte. Nach dem, was ich von den sozialistischen Strukturen so weiß, wie man darin als Privatperson leben konnte – ich habe danach irgendwie eine Art Sehnsucht. Wonach bewertet man denn den Wert eines Staates? Darin, wie ehrlich er ist? Wie weltoffen? Oder wie glücklich seine Bewohner sind?*

*Ich habe extreme Probleme mit Heimatgefühlen – dabei bin ich ja froh, in Deutschland aufgewachsen zu sein. Und trotzdem habe ich nicht das Gefühl, dass ich hierhergehöre. Eigentlich könnte ich überall wohnen. Und ich beneide Leute, die, wie die Amerikaner zum Beispiel, diesen übertriebenen Patriotismus empfinden können.*

Gudrune: *Ich würde schon die ehemalige DDR als meine Heimat bezeichnen. Vor ein paar Wochen habe ich sogar das Pionierlied wieder hervorgeholt:*

*Unsre Heimat,*
*das sind nicht nur die Städte und Dörfer,*
*unsre Heimat sind auch all die Bäume im Wald.*
*Unsre Heimat ist das Gras auf der Wiese,*
*das Korn auf dem Feld*
*und die Vögel in der Luft*
*und die Tiere der Erde*
*und die Fische im Fluss sind die Heimat.*
*Und wir lieben die Heimat, die schöne,*
*und wir schützen sie,*
*weil sie dem Volke gehört,*
*weil sie unserem Volke gehört.*

*Die DDR ist ja immer noch da. Es fehlen bloß die Ideale.*

## Brüder und Schwestern

Wenn ich heute an den sanften Projektleiter denke, der vor über zwanzig Jahren die Einheits-Ausstellung am ehemaligen Grenzübergang betreute, frage ich mich, wie er die Zusammenarbeit mit uns Wessis wohl erlebt hat. Hielt er uns für schaumschlagende Ego-Monster? Denn zu der Zeit gab es in der Kommunikation zwischen West und Ost ja auf jeden Fall noch kulturell bedingte Missverständnisse und auch Fehleinschätzungen, was das Auftreten des Gegenübers betrifft. 2001 erschien dazu das Buch *Ihr könnt uns einfach nicht verstehen! – Warum Ost- und Westdeutsche aneinander vorbeireden* des Personal Coaches Olaf Georg Klein. Ich bin kein großer Fan solcher Verständigungsratgeber, muss aber zugeben, dass ich darin durchaus Einleuchtendes entdeckt habe. Klein beschreibt einen ganz wesentlichen Unterschied in der Kommunikation, nämlich den, dass sich im Osten in der Regel aufs Kollektiv bezogen würde, während Westler eher das eigene Ego in den Vordergrund stellten. Was dann zu Interpretationen wie »Schluffis, die keine Eigenverantwortung übernehmen« versus »Angeber, die sich dauernd wichtigmachen müssen« führen kann. Weiterhin würden Ostdeutsche eher Persönliches von sich preisgeben und

irritiert reagieren, wenn ihr West-Gegenüber dennoch selbstverständlich auf der Sachebene bliebe. (Als ich das las, begriff ich, dass nicht nur die »West-Schnepfe« von meinem Dresdner Freund damals als Schimpfwort gemeint gewesen war, sondern auch das Adjektiv »professionell«.) Und natürlich sorgt das dann für eine Kollision zwischen vermeintlich distanzlosem und vermeintlich eiskaltem Verhalten. Nun haben sich die unterschiedlichen Kommunikationskulturen seit Erscheinen dieses Ratgebers sicher weiter angeglichen. Dennoch würde ich aus meiner eigenen Erfahrung bestätigen, dass wir es zum Teil noch immer mit unterschiedlichen kulturellen Codes zu tun haben, die Verständigung erschweren können.

Auch Zuschreibungen von außen sind manchmal überhaupt erst der Grund für die Herausbildung einer spezifischen Identität und dem dazugehörigen Auftreten. Unter dem Titel *Jetzt kommen die Wossis* beschreibt Autor Christian Bangel 2019 auf ZEITonline seine eigene paradoxe Akkulturation: »Ich bin selbst eine dieser vielen widersprüchlichen Existenzen, die von der Einheit erschaffen worden sind. Ossi wurde ich nicht im Osten, Ossi wurde ich in Hamburg-Billstedt, als mir Arbeitskollegen den Spitznamen Udo verpassten, was, wie sie mir lachend erklärten, für ›Unser dummer Ossi‹ stand. Zum Ossi wurde ich erst, als man mich so nannte. Aber ich lernte. Ich lernte, mich westdeutsch zu verhalten. Ich lernte, an den richtigen Stellen zu

lachen und den Dialekt zu meiden. Das ging immer besser mit den Jahren, bis ich irgendwann aufbegehrte, weil mich dieses Desinteresse aufregte. Überall Leute, die nach Revolution riefen, ohne irgendwas von der Revolution zu ahnen, die gerade vor ihrer Nase passiert war. Bequemlichkeit und Siebzigerjahredebatten, unter rechten Journalisten genauso wie unter linken Studenten. Hausbesetzer, deren Väter schon Hausbesetzer gewesen waren. Also kehrte ich wieder den Ossi raus, nur dieses Mal ohne Dialekt. Beides, mich westdeutsch anzupassen und ostdeutsch zu rebellieren, tat ich immer wieder, abwechselnd.«

An den ostdeutschen Freundinnen, die inzwischen, und zum Glück, Teil meines Lebens sind, ist mir eine solche Widersprüchlichkeit nie aufgefallen, was natürlich auch mit meiner Ignoranz zu tun haben könnte. Oder mit ihrer Über-Assimilation. Sie alle eint der Umstand, dass sie schon seit vielen Jahren im Westen leben: Toughe Ladys, die als Unternehmerinnen, Anwältinnen oder Kuratorinnen höchst erfolgreich sind. Zwei von ihnen haben West-Männer geheiratet (merkwürdigerweise kenne ich persönlich keine Paarkonstellation aus West-Frau und Ost-Mann, vielleicht hat das einen Grund und man sollte mal eine Statistik erheben, dazu später noch mehr), und ihre Herkunft war lange kein Thema. Nicht, dass sie sie versteckt hätten. Aber herausgestellt haben sie sie nun auch nicht gerade. Und in unseren Gesprächen ging es lange um alles

andere als ihre persönlichen Erfahrungen mit dem real existierenden Sozialismus oder um die Umbrüche, die »die Wende« für ihre Familien mit sich gebracht hatte. Im Gegenteil zeigten und zeigen sie sich extrem anpassungsfähig an bestimmte Wert- und Leistungsvorstellungen und wären, glaube ich zumindest, auch für die Ostdeutschen, die behaupten, einen Ossi auf den ersten Blick zu erkennen, nicht identifizierbar. Vor allem aber haben sie das Ding mit der Wettbewerbsfähigkeit im Kapitalismus besser verstanden, als es mir je gelingen wird, vielleicht gerade weil sie sich eine Alternative zu diesem vorstellen können und deshalb möglicherweise spielerischer rangehen. Die Anwältin schenkte mir zum fünfzigsten Geburtstag zum Beispiel eine Chanel-Mascara mit dem Hinweis, sie sei vor allem vor dem Spiegel öffentlicher Toiletten einzusetzen, damit hätte man das »Schminkspiel« schon mal gewonnen. Die Unternehmerin (mit ihrem Mann und ihr wohnten wir einige unvergessliche Jahre gemeinsam in einem Haus) ging hingegen gleich an die Strukturen: Sie guckte sich das Chaos, das mein Mann und ich in Finanzdingen bevorzugt veranstalten, nämlich nur kurze Zeit an, bevor sie beschloss, das Ganze mal vernünftig aufzuräumen. Als Erstes vermittelte sie uns an ihre Steuerberaterin, die in einer ostdeutschen Kleinstadt sitzt, inzwischen unseren halben Bekanntenkreis betreut und von uns liebevoll »Steuerhexe« genannt wird. Zu einem unserer ersten Termine kam sie mit einer Mitarbeiterin

nach Hamburg, und im Anschluss tranken wir alle zusammen ziemlich viel Wein. Da saß ich nun also mit drei ostdeutschen Frauen am Tisch, und weil der Alkohol mich manchmal Sachen fragen lässt, die ich mich nüchtern nicht trauen würde, platzte ich irgendwann raus mit: »Findet ihr West-Frauen eigentlich scheiße?« In meiner etwas verschwommenen Erinnerung hielten sich sowohl die Steuerhexe als auch unsere Unternehmerfreundin bei ihren Antworten eher zurück, während die Mitarbeiterin kein Blatt vor den Mund nahm: »Ehrlich gesagt: Ja.« Weil West-Frauen in ihren Augen verwöhnt und weibchenhaft seien, nur auf der Suche nach einem Versorger, der das mit dem Geldverdienen für sie mitregelt, damit sie bequem zu Hause bleiben und ihre Brut höchstpersönlich zum Tennis kutschieren können. Ich fühlte mich von dieser Beschreibung zwar nicht gemeint, kann aber auch nicht leugnen, dass das 1950er-Jahre-Familienmodell insbesondere in den Speckgürteln des Westens eine neue Blütezeit erlebt, die gestandenen Feministinnen regelmäßig die Tränen in die Augen treibt.

Auch dem Freund aus Dresden stellte ich irgendwann die Frage nach den West-Frauen. Als Antwort schickte er mir eine Kolumne von Holger Witzel, die 2010 in der Reihe *Schnauze Wessi!* auf stern.de erschienen war. Darin beschreibt der Autor, dass er mehrfach aufgefordert worden wäre, doch mal »was Fieses« über West-Frauen zu schreiben, den Wunsch aber nicht

erfüllen könne, weil er über keinerlei diesbezügliche Erfahrung verfüge. Stattdessen kommt er auf die von mir auch schon beobachtete Konstellation Ost-Frau plus West-Mann zu sprechen, um in der Folge bei seiner eigenen Ost-Ost-Verpaarung zu landen:

»Selbst wenn sich ein Düsseldorfer bis zur Würdelosigkeit verrenkt, kriegt er den Spagat nicht hin, den eine Frau aus Cottbus erwartet: Nimmt er Erziehungsurlaub und läuft mit einem Babytragetuch rum, kann sie ihn nicht mehr ernst nehmen. Bildet er sich ein, sein wichtiger Beruf lässt mehr Zeit für Familie nicht zu, ist er schneller ein Wochenendpapa, als er seine Börse zücken kann, mit der er sich gewöhnlich davon freikauft. Ost-Frauen kennen keine Trennungsängste. Die Scheidung sitzt immer mit am Küchentisch. Oft sind sie selbst mit alleinerziehenden Müttern groß geworden und finden nichts dabei, wenn nicht etliche Vorteile. Ein falsches Wort, eine überhebliche Geste, ein gedankenloses Geschenk – und weg sind sie. Ich selbst brauche nur mal über eine dreckige Küche zu stöhnen, ganz leise, eher für mich, schon höre ich noch dreckigere Schimpfworte: Räum doch selber auf, Du Wessi!

Meist machen wir es dann zusammen, die Küche. Und damit bin ich auch schon beim besten aller Gründe, warum mir unterforderte Herdheimchen mit heimlichem Karrierefrust oder überforderte Karriere-Mütter mit heimlicher Herdsehnsucht so unheimlich sind: bei

meiner Frau. Sie nimmt mir weder dieses ›besitzergreifende Possessiv-Pronomen‹ übel, wie mich eine sonst wirklich hübsche West-Kollegin einmal belehrte, nachdem ich zu ihrer Abschreckung und aus Selbstschutz schnell von ›meiner‹ Frau erzählt hatte. Noch verwechselt sie Emanzipation damit, immer alles haben zu müssen. Sie hat es einfach: zwei Kinder, mal einen Job, mal keine Lust zu arbeiten und – nach ein paar ernüchternden Erfahrungen in den Wendewirren – natürlich einen echten Hecht aus dem Osten als Mann. ... Handwerklich kann ich ihr sowieso nichts vormachen, vom Autofahren gar nicht zu reden. Das Schönste aber ist: Ich kann das alles zugeben und ihr beim Einparken verliebt zusehen, ohne mich diskriminiert zu fühlen, so wie sie trotzdem kein Problem damit hat, mir belegte Brote und Wundpflaster einzupacken, wenn ich am Wochenende mit meinen Hooliganfreunden westdeutsche Dritt-Liga-Städte verwüste.«

Ich muss gestehen, dass ich nach der Lektüre etwas angefressen war und mir diverse Schmähungen durch den Kopf gingen, die so ähnlich klangen wie »rückwärtsgewandter Ostzonen-Dödel, der jemanden wie mich bloß noch nicht kennenlernen durfte«. (Wobei ich, zugegeben, miserabel einparke und sich meine handwerklichen Fähigkeiten auf das Wiedereindrücken rausgesprungener Sicherungen beschränken, und ach so, meine beim Duschen ausgefallenen

Meerjungfrauen-Haare pule ich auch selbst aus dem Abfluss, zumindest, wenn ich nicht gerade bei der Maniküre war, dann muss mein West-Mann ran, auch wenn er es noch so eklig findet.) Ähnlich angesäuert reagierte ich, als mir vor gar nicht langer Zeit ein ostdeutscher Journalist, der mich sehr nett zu einem ost-westdeutschen Theaterprojekt interviewt hatte, den – im Jahr 2000 veröffentlichten und ziemlich guten – Song *Klassentreffen* von Hans-Eckard Wenzel schickte. Darin werden jede Menge Scheußlichkeiten und Absurditäten verspottet, die man im Osten offenbar eindeutig westlichem Einfluss zuschreibt: Geltungssucht, Besessenheit von Statussymbolen, Ernährungs- und Gesundheitswahn, das Unvermögen, Kinder anständig zu erziehen. Der Refrain lautet: »Und alle sahen's ein bei dieser Feier / wir werden immer schöner, immer freier / und so wie Dick und Doof zusammenpassen / so passen wir zu unseren Brüdern und Schwestern / Und darum, Freunde, hoch die Tassen / vergessen wir das Gestern / vielleicht wird uns dereinst verzieh'n / denn wir stammen ja aus dem Unrechtsregime.«

Tja. Und was jetzt? Sich in die beleidigte Leberwurst-Ecke zurückzuziehen hat ja noch nie bei irgendwas geholfen. Insofern fürchte ich, es bleibt uns nichts anderes übrig, als uns mit dem Eindruck auseinanderzusetzen, den wir West-Frauen und -Männer im ostdeutschen Kollektivbewusstsein hinterlassen haben und

heute noch hinterlassen. Um die Schubladen namens »typisch Wessi« und »typisch Ossi« dann vielleicht irgendwann auch mal schließen zu können. Aber vorher sollten sie halt aufgeräumt sein.

## Drei viertel zwölf

Thomas: *In der Bahnhofsbuchhandlung bin ich nicht lange geblieben. Aus einer Tageszeitung, die wir dort verkauften, habe ich erfahren, dass Mercedes jemanden für den LKW-Verkauf sucht – ich mir also einen schönen Anzug angezogen und einfach mal hin. Und das hat funktioniert: Im März 1991 durfte ich dort anfangen, zu einem geringen Grundlohn plus Provision. Trotzdem war es sehr okay, auch, dass ich überhaupt diese Chance bekommen habe. Der Geschäftsführer meinte, mit Armeeleuten hätten sie immer gute Erfahrungen gemacht, die stehlen nicht, die sind geradeaus und loyal.*

*Bei dem Händler habe ich eine Ausbildung durchlaufen und bin zweieinhalb Jahre geblieben, habe auch gut verkauft. Dann wurde allerdings mein unmittelbarer Vorgesetzter, ein Ostdeutscher, ausgetauscht. Und mit dem Neuen kam ich nicht klar, daraus hat sich innerhalb kürzester Zeit ein Mobbing-Phänomen entwickelt. Er war Unteroffizier bei der Bundeswehr gewesen und hatte wohl mal meine Akte in der Hand. Nach vierzehn Tagen habe ich gekündigt, sonst wäre das an meine Selbstachtung gegangen.*

Yvonne: *Meinen Mann hat es nach der Wende in den Osten verschlagen. Er hatte ein Studium abgeschlossen, Diplom-Betriebswirt mit Schwerpunkt Immobilienmanagement, das war Anfang der 1990er noch relativ neu. Und sein Professor hat gesagt: »Du musst rüber in die neuen Bundesländer, da geht jetzt richtig was ab. Die bauen auf den grünen Wiesen überall Einkaufszentren.«*

*Was mir gleich sehr gefallen hat, war sein schwäbischer Dialekt. Wobei er am Anfang immer versucht hat, Hochdeutsch zu sprechen, man möchte sich da ja von seiner besten Seite zeigen. Und dann diese Leidenschaft für gutes Essen, für guten Wein, das haben wir auch gleich geteilt. Als wir seine Familie in Stuttgart besuchten, fragten seine Freunde und Verwandten: »Wo bist du jetzt noch mal?« »Halle.« Die hatten überhaupt keine Vorstellung davon, die dachten, das liegt irgendwo in Sibirien, geografisch überhaupt keinen Plan. Leipzig kannten noch einige, aber es gab genug, die hatten selbst das noch nie gehört. Und es herrschte schon großes Unverständnis, was er da im Osten eigentlich will, in »der Zone«.*

*Mein Mann und ich sind jetzt seit fünfzehn Jahren verheiratet. Wo wir schon manchmal Auseinandersetzungen haben, ist, wenn er sagt, die Ossis seien »Jammer-Ossis«. Er findet, sie sollten mehr Selbstbewusstsein zeigen, sich auf ihre Stärken berufen. Und dann die mangelnde Service-Orientiertheit, wobei ich ihm da mittlerweile recht geben muss. Ich erkläre ihm dann, dass die Servicegesellschaft hier keine gewachsene Struktur ist. Es gab ja sowieso nichts und*

*wenn, dann unter der Hand. Und jetzt zu erwarten, dass die Leute dich auf einmal freundlich bedienen, das wird auch dreißig Jahre nach der Wende nicht funktionieren.*

Katrin: *Mein Ex-Mann hat Anfang der 2000er-Jahre ein mehrwöchiges Praktikum in Bayern gemacht, und ich bin mitgefahren. Ich fand es schon krass, dass es dort nicht mal Kindergärten gab, weil klar war, dass ein Kind zu Hause aufwächst. Und ich wurde angemeckert, weil der Rasen nicht gemäht war. Von so einem Urbayern in angetrunkenem Zustand, der bei uns klingelte und mir erklären wollte, dass ich den Rasen zu mähen habe, ich habe den kaum verstanden.*

*Mein Ex-Mann war Landwirt und hat dort in einem Betrieb mitgearbeitet. Ich habe dann auch geholfen, den Mähdrescher zu reparieren – als Ostdeutsche guckt man halt, ob man irgendwo mitmachen kann. Er bekam in dem Betrieb auch sein Mittagessen, und ich musste zusehen, dass ich mir irgendwo im Ort was hole. Die Gastfreundschaft hat nicht so weit gereicht, dass ich auch eingeladen gewesen wäre.*

Yvonne: *Mein Mann stellt sich nie in eine Schlange, er findet das »typisch Ossi«. Also drängelt er sich vor, und mir ist das dann total peinlich. Ich bin ja so groß geworden, dass ich mit meiner Mutter zwei Stunden in der Schlange stand. Aber man hat sich dabei auch unterhalten, um die Zeit rumzukriegen. Das macht man heute nicht mehr.*

*Ich hab dieses Bild noch vor Augen: Beim Fleischer-Fachgeschäft reichte die Schlange gefühlt die ganze Straße entlang. Und wenn man endlich drankam, sagte man nicht, ich möchte das und das, sondern es hieß, es gibt noch das und das, und das wurde einem dann »Dong!« auf die Theke geklatscht. Friss oder stirb.*

*Und so war's natürlich auch in den Restaurants, man wurde platziert. Was nicht unbedingt bedeutete, dass alle Plätze besetzt waren, der Ober hatte ja eine ganz besondere Stellung in der DDR, fast wie ein kleiner Papst. Der hat bestimmt, wer wann einen Platz bekommt, dem wurde auch etwas zugesteckt. Vor allem, wenn man Westverwandtschaft dabeihatte, da hat man dem Ober auch mal zehn Westmark gegeben, um sofort platziert zu werden.*

Thomas: *Westler, die hierhergekommen sind, die vielleicht eine Aufgabe für vier Jahre hatten, haben sich für diese Zeit ein Haus gekauft oder eine Eigentumswohnung. Ich habe bis heute keine Eigentumswohnung und kein Haus. Nicht, weil ich's nicht könnte, sondern weil ich mir sage, damit hast du doch nur jede Menge Ärger an der Backe, wenn hier die nächste Veränderung ansteht. Wenn du einmal erlebt hast, wie alles zusammenbricht, das vergisst du dein Leben lang nicht. Das nehme ich mit ins Grab, das wird nicht heilen. Dabei gehöre ich noch zu der Generation, die sich nützlich machen konnte und die Kraft hatte, sich noch mal neu auszurichten. Aber was ist mit denen, die diese Chance nicht mehr bekamen? Ich*

erinnere mich an einen Lehroffizier, den ich sehr, sehr geschätzt habe, der die DDR bei Seerechtsverhandlungen vertreten hat – der hat dann bis zu seiner Rente bei Möbel Roller den Gabelstapler gefahren. Es ist unfassbar, dass ein Staat auf solche Menschen verzichtet hat, dass er sie einfach weggekippt hat wie alte Maschinen.

Katrin: *Mir wäre wichtig, dass die Westdeutschen verstehen, was dieser Umbruch hier eigentlich bedeutet hat. Was der alles mit sich gebracht hat. Ich kann mir nicht vorstellen, dass das so klar ist, was das mit den Biografien gemacht hat, mit den Familien, mit jedem Einzelnen.*

*Und ich wüsste gern, was die Westdeutschen für ein Bild von uns haben. Ob da wenigstens eine Idee davon existiert, dass es hier sehr schwierige Biografien gegeben hat.*

Michael: *Ich habe in fast jedem ostdeutschen Bundesland gewohnt – in Sachsen aufgewachsen, in Mecklenburg-Vorpommern studiert, in Thüringen eineinhalb Jahre gelebt und jetzt in Sachsen-Anhalt. Da sind schon Unterschiede spürbar: In Sachsen sind sie nicht so maulfaul wie in Mecklenburg-Vorpommern, wo die Einheimischen ein bisschen distanzierter und knurriger sind, die brauchen länger, um warm zu werden. Gleichzeitig haben sie auch eine andere Art, mit Schwierigkeiten umzugehen: »Is' halt so, trinken wir 'n Korn drauf.« Die Thüringer sind den Sachsen ähnlicher. Auch geradeaus und ein bisschen*

*jammerig, ein bisschen unzufrieden, irgendwas ist immer, bloß nicht zu viel loben, nicht zu viel gutheißen.*

*Mein sächsischer Dialekt war früher stärker. Wenn ich heute die Landesgrenze überschreite, switche ich automatisch um, auch wenn ich mit Verwandten oder Freunden von zu Hause telefoniere. Ich hab mir den Dialekt abgewöhnt, weil ich beim Studium am Anfang fast jeden Satz wiederholen musste.*

Max: *Eigentlich wollte ich in Hamburg oder Kassel studieren, aber dann gab's in Gera eine Messe, »Studieren in der Heimat«, damit war Ostdeutschland gemeint, und das hat mich überzeugt.*

*Meine Kommilitonen aus dem Westen haben oft diese Haltung: »Ach, ihr macht das hier so, das ist aber falsch.« Aber wir verstehen, wenn jemand »Viertel vor« oder »Viertel nach zwölf« sagt. Und ich find's eigentlich nicht nett, herzukommen und nicht bereit zu sein, »drei viertel zwölf« zu sagen, so, wie es hier nun mal üblich ist.*

Michael: *Ich habe auch acht Jahre in Westdeutschland gelebt. Wenn ich von dort nach Hause gekommen bin zu meiner Familie, war ich nicht mehr der Ossi, sondern der Wessi. Ich habe in der Zeit unglaublich viel gearbeitet und sehr gut verdient. Und ich mag es eben nicht, sinnlos zu sparen, deshalb habe ich mir von dem Geld ein paar Sachen gegönnt. Woraufhin meine Verwandten fanden, ich würde auf großem Fuß leben. Das verbinden sie mit*

Wessi, dass man Geld ausgibt für Dinge, die man eigentlich nicht braucht. Wenn man nicht mehr den billigen Rotkäppchen-Sekt trinkt, sondern einen anderen, der besser schmeckt.

Yvonne: *Am 1. Mai steckt sich mein Mann immer eine rote Nelke an: »Das habt ihr doch zu DDR-Zeiten so gemacht.« Ja, und wir haben es gehasst. Aber er findet das total gut – auch wenn ihn Bekannte dann »Genosse« nennen.*

*Wenn ich ihn bitte, den Müll runterzubringen, macht er den Pioniergruß: »Für Frieden und Sozialismus – immer bereit, mein Schatz!« Manchmal werde ich wütend, manchmal muss ich aber auch lachen.*

## Theater im Osten

Mitte der 1990er-Jahre bekam ich das Angebot, an einem Theater im ehemaligen Ostteil Berlins als Regieassistentin anzufangen. Die neue (West-)Leitung bereitete gerade ihre erste Spielzeit vor und erklärte, ich würde zusätzlich zu der üblichen Arbeit vor allem eine Aufgabe haben: Den zu erwartenden Ost/West-Konflikt innerhalb des Ensembles zu befrieden. Neben mir gäbe es nur eine weitere Regieassistentin, die viel älter als ich und schon lange am Haus wäre – in der DDR war das ein Beruf auf Lebenszeit gewesen, während man ihn im Westen eher als Ausbildung für eine Regielaufbahn verstand. Die neuen Theaterchefs fürchteten, die Kündigung einiger Schauspielerinnen und Schauspieler (bei einem Intendanzwechsel durchaus üblich) und das Neuengagement von Kolleginnen und Kollegen aus dem Westen würde zu größeren Verwerfungen führen, und suchten jemanden, der diese mit kommunikativem Geschick halbwegs wegmoderierte. Eine solche Jobbeschreibung ließ mich ratlos zurück. Ich war Mitte zwanzig, wollte unbedingt Regisseurin werden und hatte keine Ahnung von der gesellschaftlichen Sprengkraft, die mir da geschildert wurde – Ost/West war einfach nicht mein Thema. Und so entschied ich mich

gegen Berlin und für Kassel, wo man mir auch eine eigene Inszenierung in den Vertrag schrieb, in der Hauptstadt hatte man sich dazu nicht verpflichten wollen.

Ich habe immer mal wieder darüber fantasiert, welche anderen Kurven mein Leben genommen hätte, wäre meine Entscheidung damals anders ausgefallen. Aber obwohl ich in Kassel nicht unbedingt glücklich wurde, habe ich mit dieser Wahl nie gehadert. Interessant ist an der Rückschau also vor allem die Entschiedenheit meiner Selbsteinschätzung, für den Job in Berlin definitiv nicht die Richtige zu sein. Fünfundzwanzig Jahre später kommt es mir vor, als wäre das Angebot damals schon ein Zeichen gewesen – sollte mir diese ganze Ost/West-Angelegenheit doch im Laufe der Zeit immer mehr auf die Pelle rücken.

Beruflich landete ich zum ersten Mal 2011 in Ostdeutschland, am Staatsschauspiel Dresden sollte mein Theaterstück *Die Zärtlichkeit der Russen* uraufgeführt werden. Ich hatte dafür in einem Hamburger Alten- und Pflegeheim Interviews mit Bewohnerinnen und Bewohnern geführt und diese O-Töne zu einem Text montiert. Ein Hauptstrang darin war die Erzählung einer Frau aus Ostpreußen, die über Jahre von russischen Soldaten vergewaltigt worden war und dieses Grauen eindringlich schilderte. Unglaublicherweise sagte sie außerdem, die Russen seien immer wieder auch so zärtlich gewesen – daher rührte der Titel. Und an dem entzündete sich gleich ein Konflikt. Denn in Dresden

waren manche überhaupt nicht geneigt, »die Russen« mit etwas Positivem in Verbindung zu bringen, allzu viel Liebe zum ehemals großen Bruder war da nicht mehr zu spüren, im Gegenteil: Was es bedeutet haben muss, die Gräueltaten der Roten Armee an der deutschen Zivilbevölkerung und vor allem an den Frauen zu verleugnen und die UdSSR in der Folge ausschließlich als Befreier vom Faschismus zu idealisieren, brach sich auch zwanzig Jahre nach dem Ende der DDR noch reichlich explosiv Bahn. Außerdem machte man mir zum Vorwurf, ich als West-Autorin sei gar nicht in der Lage, dieses Thema angemessen zu behandeln – am Ende schrieben dann auch gleich in mehreren Kritiken, die Interviews, auf denen das Stück beruhte, seien vor Ort, in Dresden, geführt worden. Dass es auch in Westdeutschland alte Menschen gab, die aus den ehemaligen Ostgebieten geflohen waren und dort Erfahrungen mit »den Russen« gemacht hatten, schien man sich schwer vorstellen zu können. Obwohl das Ganze dann auch noch von einer westdeutschen Regisseurin inszeniert wurde, was für weiteren Unmut sorgte, brachten wir am Ende doch eine erfolgreiche Premiere raus, und danach hörte ich kein kritisches Wort mehr.

Bei meinem ersten Aufenthalt in Dresden ging ich viel spazieren. Und natürlich hat die Schönheit dieser Stadt etwas Überwältigendes – noch heute verschlägt es mir bei jedem Besuch den Atem, wenn ich zum ersten Mal wieder die Elbe Richtung Neustadt überquere und

der »Canaletto-Blick« sich eröffnet. Trotzdem spürte ich auch bald Ambivalenzen. Die wiederaufgebaute Frauenkirche gefiel mir nicht, und das drumherum inszenierte Disneyland aus historischen Fassaden kam mir absurd vor. Die Erinnerung an die Bombardierung im Februar 1945 schien trotzdem ständig und überall präsent zu sein – und ich fragte mich schon damals, ob es eigentlich eine gute Idee ist, dieses Ereignis zum Identitätskern einer Stadt zu erklären und gleichzeitig all seine konkreten Zeugnisse und Spuren nach und nach kosmetisch zu beseitigen.

In Lübeck hatte ich, seit ich ein kleines Mädchen war, immer wieder vor den geborstenen Glocken von St. Marien gestanden, die beim Bombenangriff 1942 herabgestürzt waren und bis heute auf dem zerschlagenen Steinboden der Kapelle liegen, als Mahnmal gegen Krieg, wie ich es mir eindrucksvoller und schlichter kaum vorstellen kann. Das Thema einer durch den Zweiten Weltkrieg verwundeten Stadt ist mir also durchaus vertraut. Dass dieses Unheil nicht einfach so über Lübeck hereingebrochen war, sondern als »Antwort« auf den Angriff der deutschen Luftwaffe auf Coventry, wurde allerdings immer miterzählt – mit Coventry gab es dann auch eine Art Städtepartnerschaft und einen Schüleraustausch. In der neunten Klasse verbrachte ich entsprechend zwei Wochen in einem ungeheizten, langsam zerfallenden englischen Herrenhaus und wurde außerdem im Rathaus von Coventry

empfangen, was als Bekenntnis zu Versöhnung und Frieden auch bei einem Teenagermädchen ziemlich Eindruck hinterließ. In meiner Heimatstadt wurde im Laufe der Jahre ebenfalls viel restauriert und wiederaufgebaut – mein Großvater war als Ingenieur für die Rekonstruktion gleich mehrerer Lübecker Kirchtürme zuständig – doch hatte ich, trotz manch unnötiger Marzipanisierung, nie das Gefühl, man würde auf ungute Weise in der Vergangenheit stecken bleiben. Ein Gefühl, das einen in Dresden durchaus immer mal wieder beschleichen konnte, erst recht, wenn man einmal Zeugin des rechtsradikalen Aufmarsches zum 13. Februar, dem Jahrestag der Bombardierung, geworden war.

Im Oktober 2014, als montagabends Pegida zu marschieren anfing, hielt ich mich wieder im »Elbflorenz« auf, um für eine Produktion am Staatsschauspiel zu heutiger jüdischer Identität zu recherchieren. Hatte ich mich zuerst noch lustig gemacht über das Deutschlandfahnen schwenkende Häuflein auf dem Theaterplatz, änderte sich die Lage in den nächsten Wochen auf das Gruseligste – bald waren Tausende »Patriotische Europäer« unterwegs, was nun auch für mich und meine Terminplanung Konsequenzen hatte: Der Montagabend musste geblockt werden für die Gegendemonstration. Aber auch den Rest der Woche konnte man die Spaltung der Stadt immer stärker spüren. Einmal stieg ich wieder aus einem Taxi aus, nachdem der Fahrer einen rassistischen Spruch losgelassen hatte, einmal

verließ ich ein Restaurant, in dem die Kellnerin und andere Gäste sich begeistert zu Pegida bekannten. Ein guter Freund sprang vom Friseurstuhl auf, als die Friseurin, die er seit Jahren kannte, meinte, die Juden seien doch selbst schuld an der Feindschaft, die ihnen entgegenschlage. Auch durchs Theater ging dieser Riss: Die Leitung und das künstlerische Personal bekannten sich zur schnell gegründeten Initiative *Weltoffenes Dresden*, während manche Kolleginnen und Kollegen aus anderen Abteilungen auf der Gegenseite standen. Die gut gemeinte Ansprache, in der der (West-)Intendant mahnte, mit Pegida sei ein in Deutschland seit dem Zweiten Weltkrieg geltendes Tabu gebrochen worden – dass man nicht gemeinsam mit Neonazis auf die Straße geht –, verfing nicht. Sondern zeigte nur ein weiteres Mal unsere westliche Ahnungslosigkeit: Wir hatten einfach immer noch nicht kapiert, dass schon bei den Montagsdemonstrationen 1989 Rechtsextreme dabei gewesen waren. (Nicht nur Peter Richter hat diesbezüglich mit seinem Buch *89/90* endgültig für Aufklärung gesorgt, inzwischen sollten also wirklich alle Bescheid wissen.) Wie ging man mit alldem jetzt um? Sagte man den Montagsmarschiererinnen und -marschierern im Theater nicht mehr Hallo? Bedankte man sich nicht mehr, wenn sie einem die Bühne eingerichtet hatten? Und wie antwortete man auf die bestürzten Fragen von Hamburger Freunden, was »da drüben« denn bitte schön los sei, wenn man kurz mal auf Urlaub zu Hause war?

Im Westen reagierte man also entsetzt und wünschte sich reflexartig mal wieder die Mauer zurück, »die Ostdeutschen«, die man nun mit Pöblern und Galgenträgern gleichsetzte, schienen nach all den Jahren womöglich wirklich nicht integrierbar in eine offene und demokratische Gesellschaft. Damit war man dann auch superfein raus, weil man sich im eigenen Alltag mit solchen Verwerfungen ja eher nicht rumschlagen musste, schon gar nicht in Hamburg, wo es zwar keinen Pegida-Ableger gab, bei der Gegendemonstration aber trotzdem Außenalster-Damen mit Perlenkette neben Rote-Flora-Sympathisanten standen (selten habe ich meine Wahlheimat so geliebt wie in diesem Moment). Steffen Mau beschreibt in seinem Buch *Lütten Klein*, dass durch den Vorgang der Wiedervereinigung, die de facto ein Beitritt der DDR zum Geltungsbereich des Grundgesetzes war, den Ostdeutschen der Weg zu einem Selbstverständnis versperrt worden sei, »das die kollektive Bindung an die Verfassungsprinzipien hätte stärken und ein gemeinsames Selbstverständnis hätte befördern können«. Stattdessen hätten die maßgeblichen Akteure auf die einheitsstiftende Kraft der deutschen Geschichte, Kultur und Sprache zurückgegriffen, wobei das Erbe des DDR-Nationalismus durchaus hilfreich gewesen sein dürfte: »Die neue politische Gemeinschaft wurde also nicht über die politische Praxis einer gemeinsam ausgehandelten Verfassung konstituiert, vielmehr strapazierte man – quasi als funktionales

Äquivalent – die Bande nationaler Einheit. [...] Der damalige Fokus auf die nationale Zusammengehörigkeit legte möglicherweise den Grundstein dafür, dass die Menschen im Osten Deutschlands im Zuge von Öffnungs- und Migrationsprozessen auf den Katalog der nationalen Vorrechte pochen.«

Nationalismus plus Westauto und Mallorca-Reise statt »Verfassungspatriotismus« als Identifikationsangebot – dass das möglicherweise nach hinten losgehen würde, hätte man sich vor gut dreißig Jahren eigentlich denken können. Trotzdem beschreibt dieser Erklärungsansatz wohl nicht die ganze Wahrheit. Denn seit einer Weile wird immer mehr über die Neonazi-Szene in der DDR bekannt, über Hakenkreuzschmierereien, Feiern zum »Führergeburtstag«, über Pogrome und Gewaltverbrechen gegen Vertragsarbeiterinnen und Vertragsarbeiter aus den sozialistischen Bruderstaaten – offiziell alles unter »jugendlichem Rowdytum« verbucht. Aber natürlich wusste die Stasi – aus den Akten geht das hervor –, dass Tausende ungeachtet des »antifaschistischen Schutzwalls« von der Wiedererrichtung eines NS-Staates träumten. Und so war der Mauerfall für die westdeutschen Neonazis um Michael Kühnen ein echtes Geschenk – sie konnten ihr Glück über all die ihre Gesinnung offen zur Schau stellenden Kameraden aus dem Osten kaum fassen und fantasierten in den 1990er-Jahren (für die der bereits zitierte Autor Christian Bangel aufgrund all der rechten Gewalt den

Begriff »Baseballschlägerjahre« gefunden hat) gemeinsam begeistert vom Umsturz im Rahmen einer »nationalen Revolution«. Zumindest da hat die Wiedervereinigung ganz spitze funktioniert.

Heute lockt die Kampagne »Zusammenrücken in Mitteldeutschland« frustrierte westdeutsche Neonazis mit völkischen Siedlungsprojekten in den Osten – die alten Bundesländer seien laut Selbstdarstellung des Projekts im Internet »verloren«, während man in Mitteldeutschland noch »als Deutsche unter Deutschen leben« könne. Für die Vorstellung, dass in kleineren Ortschaften Ostdeutschlands Rechtsextremisten zur Mehrheit werden, den gesellschaftlichen Diskurs bestimmen, in solchen Strukturen Kinder aufziehen und von langer Hand den »Tag X« vorbereiten, fehlt mir, ehrlich gesagt, das seelische Rüstzeug. Weil Nazitum für mich den Inbegriff des Bösen bedeutet und damit weniger eine politische, denn eine »spirituelle« Kategorie, wodurch dieses verdammte Ohnmachtsgefühl vermutlich noch befördert wird.

Eine Begegnung aus dem anstrengenden Dresden-Winter 2014/15 werde ich nicht vergessen. Ich kam mittags vom Konsum, wo ich gerade eingekauft hatte, und steuerte schwer beladen den Plattenbau an, in dem sich meine Theaterwohnung befand. Bevor ich den Schlüssel zur Haustür herausgekramt hatte, stellte sich mir ein Mann in den Weg, Jogginghose, Plastiklatschen, Kippe. »Zu wem?!«, herrschte er mich an.

Ich hatte keine Ahnung, was er von mir wollte. »Zu wem?!«, insistierte er, und ich begriff, dass ich mich vor ihm rechtfertigen sollte, was ich in diesem Haus zu suchen hätte. Empört fauchte ich, was ihn das bitte schön angehe. »Ich wohne seit fünfundzwanzig Jahren in diesem Haus und habe ein Recht darauf zu erfahren, wer hier verkehrt.« Und ich wusste sofort, mit einer anderen Hautfarbe oder schlechten Deutschkenntnissen hätte ich keine Chance gehabt, ebendieses Haus zu betreten. So konnte ich ihn anschreien, das Staatsschauspiel miete mir hier eine Wohnung und er solle gefälligst zur Seite gehen, außerdem beschimpfte ich ihn als »Blockwart« – diese Wut hatte einerseits damit zu tun, dass ich kaum etwas mehr hasse als soziale Kontrolle, andererseits hatte sich bei mir etwas aufgestaut, das mit all dem zusammenhing, was in dieser Stadt gerade passierte. Am liebsten hätte ich den Typen geschlagen, der jetzt auch noch zu jammern begann, er könne das alles doch nicht wissen. In den nächsten Wochen lief er mir immer mal wieder im Treppenhaus über den Weg und grüßte mich stets unterwürfig. Ich grüßte niemals zurück, ich konnte einfach nicht mehr, war am Ende mit meinem Latein und Verständnis und wollte nur noch zurück nach Hamburg, wo mir so etwas nie, nie, nie passieren würde. (Und so spricht mir Christian Bangel bis heute aus der Seele, wenn er schreibt: »Ich mag den Westen, den ich kennenlernte. Ich liebe seine Vielfalt an Sprachen und Kulturen, ich fühle mich

beschützt von seiner Zivilität. Der Orbanismus ist auch für den Westen eine Bedrohung, aber es gibt dort mehr Menschen, die nicht dem Wahn verfallen sind, der Pluralismus sei ein Elitenkonzept. Sondern ihre Art zu leben, für die sie kämpfen werden.«)

Eine solche Ausweich- bzw. Fluchtmöglichkeit hatten weder diejenigen, die in den 1990er-Jahren mit dem erstarkenden Rechtsradikalismus auf ostdeutschen Straßen konfrontiert waren, sich für ihn schämten und unter ihm litten, noch haben sie heutige unfreiwillige Bewohnerinnen und Bewohner ost- (und west-)deutscher Nazi-Hochburgen, es sei denn, sie entschließen sich zum Umzug in eine menschenfreundlichere Umgebung. Mit ihnen sollten wir uns solidarisieren, hätten es damals schon tun müssen, was die meisten von uns aus Ignoranz und mangelnder Empathie versäumt haben. Aber das heißt ja nicht, dass wir es jetzt nicht besser machen können.

# Weil ich da erst gemerkt habe, wie hilflos ich bin

Yvonne: *Der Beginn meiner Ausbildung in Aachen fiel zusammen mit den Unruhen in Hoyerswerda. Das war ein großes Thema, damit bin ich durch die Kollegen ganz stark konfrontiert worden. »Sag mal, was ist denn bei euch los?! Das sind ja alles Nazis!« Und ich konnte nicht damit umgehen, mich hat das ja selbst schockiert. Wir sind doch antifaschistisch erzogen worden, und alles, was mit Nazitum zu tun hatte, war etwas ganz, ganz Schlimmes! Wir hatten in der DDR doch keine Nazis gehabt, ich wusste gar nicht, wo die auf einmal herkamen. Und dann immer dieses: BEI EUCH, BEI EUCH ...*

Gudrune: *Der Jugendclub, in dem ich Anfang der 1990er gearbeitet habe, war irgendwie als links verrufen, weil wir alle ein bisschen anders waren, NEUE DEUTSCHE WELLE gehört haben, zum Beispiel. Da kamen die Nazis wirklich durch die ganze Stadt marschiert, man hörte schon von Weitem das laute Gebrüll. An einem Abend haben sie uns die Fensterscheiben eingeworfen, ich hab gedacht, die kommen jetzt rein. Wir haben uns in der Küche verbarrikadiert und sehr viel Angst gehabt, bis endlich die Polizei kam.*

*An einem anderen Abend hat einer von den Nazis den Discjockey bedroht, mit 'ner Waffe, der sollte Nazimusik spielen, hat das aber nicht gemacht. Der Typ hat dann Hausverbot bekommen, stand aber immer wieder da, und ich musste dem sagen, dass er gehen soll. Das war ein richtig Großer, mit Glatze und Bomberjacke, da hab ich ganz schön gezittert.*

Michael: *Das Ende der DDR ist ja vielleicht nicht nur der Verlust von Sicherheit gewesen, sondern auch der Verlust der eigenen Illusion – ein Ende des Selbstbetrugs. Ich glaube, es ist ein großer Selbstbetrug gewesen, zu fordern, wir wollen jetzt sofort die Einheit, wir wollen dasselbe wie im Westen. Obwohl man den Politikern vorher nicht geglaubt hatte, wollte man denen jetzt unbedingt glauben. Dabei hätte man wissen können, dass die Politiker auf der anderen Seite auch nicht ehrlicher sind. Ein gewisses Schuldgefühl muss da doch entstehen. Oder Scham – eine furchtbare Emotion, die sich tradiert hat, ich kenne sie gut.*

Liane: *»Demokratie« ist für mich gerade ein Reizwort. Ich mach's mal an den Wahlen fest: Wenn keine Partei für mich das rüberbringt, was ich erwarte, kann ich meinen Stimmzettel eigentlich nur noch ungültig machen. Aber meine ungültige Stimme wird nirgends registriert.*

Max: *Meine Omas und Opas wählen gar nicht, ich glaube, denen ist das einfach egal. Ich komme aus einer recht apolitischen Familie – bevor ich wählen durfte, habe ich auch nach dem Motto gelebt: »Ich werd dann mal Nichtwähler.« Jetzt bin ich aber überzeugter Wähler, vor allem deshalb, weil ich finde, jemand, der nicht wählt, hat auch nicht das Recht, sich zu beschweren.*

*Ich müsste mich mehr engagieren. Aber ich möchte mich nicht für irgendwas engagieren, wovon ich nicht richtig überzeugt bin. Das Problem hab ich irgendwie mit allen Gruppen, mit Rechten sowieso, damit kann ich nichts anfangen. Aber auch viele Linke – es gibt einen Punkt, finde ich, wo Weltoffenheit und Akzeptanz und Progressivität anfangen, Identität aufzulösen. Das erlebe ich bei vielen, die so vegan und pro-gender sind. Da gibt es eine Bewegung bis hin zur Rückgratlosigkeit. Sobald man etwas sagt, was jemandem nicht gefällt, wird rumgeheult.*

Katrin: *Ich möchte das Vertrauen haben, dass die Demokratie stark genug ist. Aber im Moment bin ich auch da verunsichert. Sogar meine Schwester hat AFD gewählt, da ist mir beinahe die Kinnlade runtergefallen, als sie das erzählt hat – ich war gerade dabei, Brote zu schmieren. Der Moment hat sich eingebrannt, mich hat das dermaßen aufgewühlt. Auch weil ich da erst gemerkt habe, wie hilflos ich bin, dagegen zu argumentieren. Ich weiß gar nicht, wo ich ansetzen soll.*

Michael: *Ich rede mit Rechten. Es liegt in meinem Naturell, niemanden vor den Kopf zu stoßen, und manchmal finde ich's auch ganz spannend. Mir geht es darum, Konflikte oder Spannungen auszuhalten, als Einzelner aber auch als Gesellschaft. Wie kann man Bedingungen schaffen, damit die Menschen sich dahingehend entwickeln, mehr Spannungen zu ertragen und sie nicht gleich abwehren zu müssen? Das Thema Ost/West könnte dabei ein guter Ausgangspunkt sein – wie haben wir jeweils gelernt, Widersprüche auszutarieren, ohne gleich eine einseitige Lösung produzieren zu müssen? Im Westen ist man ja meist lange bei der Mama geblieben, die normalerweise Hausfrau war, im Osten gab's die staatliche Erziehung in der Kinderkrippe. Was macht das mit der Bindungsfähigkeit, was macht das mit der Art und Weise, Spannungen auszuhalten? Und kann das auch dazu führen, dass man sich eher politischen Extremen zuwendet?*

*Als ich noch in Westdeutschland gelebt habe, kamen schon immer die Fragen: Warum wählt der Osten so, was ist da in Dresden los? Für Dresden habe ich mich unglaublich geschämt. So eine schöne, aufblühende Stadt – und dann läuft da Montag für Montag Pegida. Chemnitz war ein weiterer Anlass. Aber als dann diese Gegenbewegung passierte, dieses Riesenkonzert mit so vielen bunten Leuten und in einer ganz friedlichen Atmosphäre – das hat mich angerührt und richtig stolz gemacht.*

## Interkulturelles Training

Die Ausschreitungen in Chemnitz im August 2018 verstörten auch mich. (Am Rande des Stadtfestes war ein Chemnitzer mit kubanischen Wurzeln durch Messerstiche tödlich verletzt worden, als tatverdächtig galt u. a. ein Asylbewerber, der später zu einer mehrjährigen Haft verurteilt wurde. Es kam zu Massenaufmärschen von Rechten und Rechtsextremen, mehrere Personen zeigten den Hitlergruß. Menschen, denen man eine Einwanderungsgeschichte zuschrieb, wurden angegriffen, ebenso Gegendemonstranten, Journalistinnen, Polizisten, unbeteiligte Passantinnen und ein jüdisches Restaurant.) Jetzt hörte ich die Hamburger Freunde sagen: »Das ist nicht unser Land.« Ich konnte zwar verstehen, was sie meinten – aber half uns das auch nur einen Schritt weiter? Auf einmal wünschte ich mir, noch einmal dreißig Jahre in der Geschichte zurückgehen zu können. Was zum Teufel war bei der deutschen Wiedervereinigung alles schiefgelaufen, dass es uns jetzt so um die Ohren flog?

Wenn ich bei etwas nicht weiterweiß, neige ich dazu, mir ein Theaterprojekt auszudenken. Mir hilft das. Weil ich dann gezwungen bin, die diffusen Fragen, die mich bestürmen, verständlich zu formulieren und das

Feld der Auseinandersetzung zu definieren. Für mich bedeutet Theater öffentlicher Raum. Und den brauchen wir nun mal als Allererstes, wenn wir versuchen, uns darüber zu verständigen, wie wir zusammen leben wollen – die eigene Echokammer zum Abendessen einzuladen ist immer schön, bringt in dieser Hinsicht aber nicht so irre viel.

Angesichts der Frage, ob es einen Zusammenhang zwischen den Versäumnissen im Rahmen der Wiedervereinigung und dem entfesselten Mob auf den Chemnitzer Straßen geben könnte, erinnerte ich mich daran, dass ich als Jugendliche auf mein Austauschjahr in den USA mit einem »interkulturellen Training« vorbereitet worden war – dabei schärfte man uns u. a. ein, die Codes, über die eine andere Kultur sich ausdrückt (womit selbstverständlich keine rechtsradikalen Ausschreitungen gemeint sind, falls das jemand denken sollte), nicht anhand unserer eigenen Wertmaßstäbe zu beurteilen. Ich überlegte, ob sich ein solches Training womöglich auch auf Ost- und Westdeutschland anwenden ließe, und schrieb einen zugespitzten Ausgangstext, der als Politisches Feuilleton 2019 im Deutschlandradio unter dem Titel *Schlagabtausch der Klischees* gesendet wurde:

»Blühende Landschaften wurden versprochen. Und dass zusammenwachsen würde, was zusammengehört. Dreißig Jahre nach der friedlichen Revolution müssen wir feststellen: Es ist anders gekommen. Die

Spaltung, die unsere Gesellschaft durchzieht, verläuft auch entlang der ehemals innerdeutschen Grenze. Nicht erst seit Chemnitz oder der jüngsten Europawahl stehen Westdeutsche dem Osten oft ratlos gegenüber und wünschen sich insgeheim manchmal die Mauer zurück. Ostdeutsche fragen sich, warum ihre Lebensleistung so selten eine Rolle spielt und Führungspositionen von Wessis besetzt werden, während Autor Uwe Tellkamp ›das Ostdeutsche‹ gleich als neue Identitätskategorie beschwört.

Filme wie *Sonnenallee*, *Helden wie wir* oder *Good Bye, Lenin!* prägten schnell das Bild, das sich der Westen von der ehemaligen DDR machte – ein seltsames Land mit seltsamen Ritualen, mit Ampelmännchen und Worten wie ›Broiler‹ oder ›Erdmöbel‹, das nach der Wende vor allem als Stoff für Komödien taugte. Und natürlich ein Land, in dem eine unmündige Bevölkerung sich von alten Männern mit Hut drangsalieren ließ, während man sich gleichzeitig gegenseitig bespitzelte.

Der Sieg des Kapitalismus und ›das Ende der Geschichte‹ ließen wenig Platz für die Auseinandersetzung mit ostdeutschen Biografien und ostdeutscher Identität. Man ging davon aus, dass ›die da drüben‹ die Angliederung an den Westen ausschließlich als Segen begreifen und sich klaglos ins System einpassen

würden, und war dann auch schnell schon genervt vom Solidaritätsbeitrag.

Heute blickt der Westen zunehmend beklommen nach Osten und versucht, Erklärungen zu finden für das, was mit denen ›da drüben‹ nicht stimmt: Sie empfinden sich als ›Abgehängte‹, brauchen einen Staat, der ihnen ihr Leben organisiert, haben Demokratie nicht gelernt und sind nie in Kontakt gekommen mit Menschen anderer Herkunft. Umgekehrt ist man als Wessi in den neuen Bundesländern ebenso mit Vorurteilen konfrontiert: Die wollen uns immer weiter bevormunden, denen geht's nur ums Geld, und die West-Frauen können nicht mal Fliesen verlegen, wollen aber unbedingt geheiratet und versorgt werden. Schlechter im Bett sind sie auch.

Abwehr ist oft der erste Reflex, wenn jemand ausspricht, was nottut. So forderte Helmut Holter, im letzten Jahr Präsident der Kultusministerkonferenz, einen verstärkten Schüleraustausch zwischen Ost- und Westdeutschland und formulierte die Überzeugung, dass Ost und West viel zu wenig miteinander redeten über das, was war und was heute ist. Ostdeutsche Erfahrungen müssten in den Westen gebracht werden und umgekehrt. Die sinnvolle Debatte, die daraus hätte erwachsen können, versandete – man hielt Holters Anliegen für ›überholt‹ und meinte, junge Menschen

würden die Unterschiede doch längst nicht mehr empfinden.

Wer hingegen den 2018 erschienenen Roman *Mit der Faust in die Welt schlagen* von Lukas Rietzschel liest, stellt schnell fest, dass dort aus einem Land berichtet wird, das kein Westdeutscher kennt. Vielleicht sollten wir also endlich anfangen zu bejahen, dass sich in den Jahrzehnten der deutschen Teilung zwei unterschiedliche Kulturen herausgebildet haben, mit unterschiedlichen Prägungen, unterschiedlichen Wertvorstellungen und unterschiedlichen Codes. Um sich auf Augenhöhe begegnen zu können, bräuchte es auf beiden Seiten Sensibilität und Respekt, genauso wie Offenheit und Neugier auf ›das Fremde‹. Ein flächendeckendes interkulturelles Training könnte helfen, nur dass im Hinblick auf Ost- und Westdeutschland bis heute kein ausgearbeitetes Format dazu existiert.«

Gemeinsam mit dem Hamburger Lichthof Theater entwickelte ich das detaillierte Konzept für *RÜBERMACHEN – Ein interkulturelles Training für Ost- und Westdeutsche mit 30 Jahren Verspätung*, und im Oktober 2019 fuhren wir mit neun Hamburger Teilnehmerinnen und Teilnehmern zu einem ersten Wochenendworkshop nach Halle. Dort erwarteten uns im WUK Theater Quartier die ostdeutschen Projektteilnehmerinnen und -teilnehmer mit einem liebevoll vorbereiteten Buffet, das einige DDR-Reminiszenzen weckte: Soljanka,

Halloren-Kugeln, Rotkäppchen-Sekt. Alle waren furchtbar aufgeregt. Und alle standen unter Schock, denn der rechtsterroristische Anschlag auf die Synagoge und den Döner-Imbiss in Halle war nur zwei Tage vorher passiert. Wir hatten noch hin- und herüberlegt, ob wir das Ganze nicht besser verschieben. Denn natürlich kamen wir in eine verwundete Stadt – bis spät in die Nacht standen die Menschen stumm um den Gedenkort am Marktplatz und wussten nicht, wohin mit ihrem Entsetzen und ihrer Trauer. Das erste »interkulturelle Training« fand also im Zeichen dieses furchtbaren Attentats statt, das den Menschen ihre Schutzmechanismen und Panzerungen erst einmal wegriss. Vielleicht wurde unsere Begegnung und Auseinandersetzung auch deshalb so intensiv.

Während beim Vorbereitungstreffen mit der Hamburger Gruppe das Organisatorische schnell geklärt und dann gemütlich Kaffee getrunken worden war, hatten wir aus Halle gehört, dass die Teilnehmerinnen und Teilnehmer dort schon beim ersten Treffen kaum hatten aufhören können, sich über das zu verständigen, was im Zuge der Wiedervereinigung mit ihren Leben passiert war und wie das alles bis heute nachwirkte. Als hätte man eine Schleuse geöffnet. In der gemeinsamen Vorstellungsrunde berichtete ein Hallenser Teilnehmer dann von einem Urlaub in Österreich vor einiger Zeit. Dort hatte offenbar ein Politiker irgendeine fiese Bemerkung über die Ostdeutschen im Land gemacht

(ohne die sowohl Österreich als auch die Schweiz ihre gesamte Gastronomie schließen könnten) und entschuldigte sich dafür nun im Radio: Die fleißigen Ostdeutschen seien unverzichtbar für die Alpenrepublik. »Eine solche Entschuldigung hätte ich gern mal aus Westdeutschland gehört«, meinte der Teilnehmer. Wir hingegen wussten ja nicht mal, wie man die Jahre 1989 und folgende korrekt bezeichnete, wobei diesbezüglich auch die Hallenser unterschiedliche Auffassungen vertraten. Ein Teil von ihnen benutzte den Begriff »Wende«, obwohl der ausgerechnet von Honeckers Nachfolger Egon Krenz geprägt worden war, andere bestanden aus ebendiesem Grund auf »friedliche Revolution«. Die ja wiederum nur die Geschehnisse von 1989 umfasste. Eine Hallenserin brachte dann auch noch »Anschluss« ins Spiel, woraufhin die Gäste aus dem Westen erschrocken zusammenzuckten.

Die nächsten Tage verliefen emotional. Wir erfuhren von Brüchen in Biografien, von in der DDR geprägten Wertvorstellungen und von dem prachtvollen Gemüse, das es nach dem Reaktorunglück in Tschernobyl zu kaufen gab. Am Abend des zweiten Tags fragte eine Hallenser Teilnehmerin: »Ich wüsste gern, was ihr aus dem Westen in Wahrheit über uns denkt. Haltet ihr uns im Gegensatz zu euch wirklich für so viel dümmer und fauler?« Ich musste kurz rausgehen, weil ich nicht vor der Gruppe heulen wollte. Und die Trainerin (die Workshops wurden von einem ost-west-deutschen

Tandem geleitet), die sonst viel mit französischen und algerischen Jugendlichen arbeitete, stellte fest, dass die kollektive seelische Gemengelage hier deutlich komplizierter und aufgeladener sei. Was ich schon eine ziemliche Ansage fand.

Das Trainer-Team hatte uns gebeten, zu dem Workshop einige Gegenstände bzw. Fotos mitzubringen, die repräsentierten, was uns in bestimmten Lebensabschnitten privat und gesellschaftlich beschäftigt hatte. So entstand auf einem Zeitstrahl eine Art Galerie: Auf der einen Seite lagen u. a. ein Pionier-Halstuch und -Liederbuch, NVA-Abzeichen, DDR-Schulzeugnisse. Auf der anderen fiel vor allem das gleich dreifach vorhandene RAF-Fahndungsplakat auf. Auch ich hatte eines mitgebracht, schließlich gruselte ich mich als Kind sehr vor den Dingern, die bei uns damals ja in jeder Post- oder Bankfiliale hingen. (Eine Kollegin erzählte mir mal, sie hätte früher vor lauter Angst, die Terroristen würden sich unter ihrem Bett verstecken, häufig nicht einschlafen können – für westdeutsche 1970er-Jahre-Kindheiten konnte man das also durchaus prägend nennen.) Doch über die RAF-Fahndungsplakate und auch über fast alles andere aus der »West-Galerie« wurde im Rahmen des Workshops kein Wort verloren, niemand aus Halle stellte auch nur eine Frage dazu – es gab dafür schlicht keinen Raum: Das Bedürfnis, sich über die DDR und das Leben seit 1989 mitzuteilen, war so viel drängender. Einer Hallenser Teilnehmerin

fiel auf, dass unser Austausch eigentlich nur in eine »Richtung« stattfand, sie sagte, sie würde beim späteren Workshop in Hamburg gern mehr über uns, über unsere Leben im Westen erfahren, aber auch dazu kam es dann nicht wirklich. Niemandem aus der Hamburger Gruppe machte das etwas aus, im Gegenteil: Wir waren ja gekommen, um zuzuhören, wir wollten etwas erfahren. Und das glückte auch – die Hamburger Studentin sagte zum Beispiel, sie habe das Gefühl, hier zum ersten Mal einen Geschichtsunterricht zu erleben, »der mir auch etwas bringt«. Ich selbst verstand in diesen Tagen an der Saale immer besser, was der Teilnehmer in der Vorstellungsrunde mit dem Beispiel aus Österreich gemeint hatte. Und empfand am Ende dieses ersten Workshops das Bedürfnis, mich zu entschuldigen, was ich bei der Abschiedsrunde auch tat. Nicht dafür, wie die Wiedervereinigung gelaufen war, schließlich war ich damals viel zu jung gewesen, um diesbezüglich für irgendwas Verantwortung übernehmen zu können. Aber ich entschuldigte mich für meine Ignoranz und mein Desinteresse an den Menschen in Ostdeutschland. Und auch da flogen eine Menge heftiger Gefühle durch den Raum.

Die Intensität und Herzlichkeit unserer innerdeutschen Begegnungen ließen mich beseelt und in der Überzeugung zurück, etwas wirklich Sinnvolles auf die Beine gestellt zu haben. Was eigentlich doch auch unabhängig von daraus erwachsenden

Theaterproduktionen funktionieren müsste (in Halle und Hamburg sollten nach den Trainings Inszenierungen zum Thema entstehen), zumal das Ganze nicht mal besonders viel Geld oder Aufwand erforderte. Als ich dann auch noch las, der Bundesbeauftragte für die neuen Länder, Marco Wanderwitz, plane ein neues Gesprächsformat für Ostdeutschland nach dem Vorbild der »Sachsengespräche« (bei denen Bürgerinnen und Bürger seit 2018 mit dem Ministerpräsidenten und anderen Vertretern der Staatsregierung diskutieren), fühlte ich mich bemüßigt, ihm eine E-Mail zu schreiben, von unserem Projekt zu erzählen und dafür zu werben, ein solches Gesprächsformat nicht allein unter Ostdeutschen zu belassen, sondern auch Menschen aus den alten Ländern dazuzuholen. Einige Wochen später erhielt ich folgende Antwort:

*Sehr geehrte Frau Hintze,*
*haben Sie vielen Dank für Ihre freundliche E-Mail, in der Sie über Ihr Interesse an Ost-West-Gesprächsformaten und in diesem Zusammenhang von Ihrem Theaterprojekt »RÜBERMACHEN« in Halle und Hamburg berichten. Gespräche, wie wir in Deutschland und darüber hinaus miteinander leben wollen, sind sehr wichtig. Ich freue mich daher sehr, dass Sie insbesondere die Erfahrungen von Menschen aus den neuen Ländern einbeziehen.*
*Unzufriedenheit, Ängste, Sorgen mitzuteilen, die eigene Lebensgeschichte zu erzählen und auch von Glück*

*und Erfolgen persönlich zu berichten und sich auszutauschen, ermöglicht gegenseitiges Verstehen und kann zu einem besseren Miteinander entscheidend beitragen. Es ist sehr wertvoll, Gelegenheiten für solche fruchtbaren Dialoge zu schaffen, und Kunst ist dafür ein wunderbarer Zugang.*

*Obgleich wir in ganz Deutschland viel Anlass zu Freude und Selbstbewusstsein nach 30 Jahren Deutscher Einheit haben, so stehen wir gleichwohl vor Herausforderungen und manchen Spannungen. Dies reicht von Disparitäten in der wirtschaftlichen Leistungskraft, der persönlichen Bewertung der eigenen ökonomischen Situation bis hin zu Unterschieden in der Zustimmung zur Demokratie und zur Zufriedenheit mit dem eigenen Leben. Auch wenn etwa Strukturschwächen überall in Deutschland vorkommen und nicht nur in den neuen Bundesländern, so wirken doch hier die SED-Diktatur wie auch die teils brutalen Transformationserfahrungen nach.*

*Die Regierungskommission »30 Jahre Friedliche Revolution und Deutsche Einheit«, der ich als einer der beiden Vorsitzenden angehöre, erinnert deshalb nicht nur an die wichtigen historischen Meilensteine wie die freie Volkskammerwahl, den Mauerfall oder die Wirtschafts-, Währungs- und Sozialunion mit Veranstaltungen, Informationen und Feiern. Ein wichtiger Teil ihrer Arbeit besteht in den Bürgerdialogen »Deutschland im Gespräch: Wie wollen wir miteinander leben?«. Hier begegnen sich*

*Menschen aus teils sehr langjährigen deutsch-deutschen Städtepartnerschaften und tauschen sich untereinander aus. Die Ergebnisse fließen ein in Handlungsempfehlungen, welche die Kommission der Bundesregierung vorlegen wird zur künftigen Gestaltung der Deutschen Einheit. Bereits jetzt wird deutlich, dass – wie Sie es auch schildern – derartige Dialoge von den Teilnehmern außerordentlich begrüßt und eine Fortführung ausdrücklich gewünscht werden. In diesem Sinne wünsche ich auch Ihrem Projekt »RÜBERMACHEN« in Kooperation zwischen dem Hamburger Lichthof und dem WUK in Halle/Saale viel Erfolg.*

*Mit freundlichen Grüßen*
*Marco Wanderwitz MdB*

*Parlamentarischer Staatssekretär*
*Beauftragter der Bundesregierung für die neuen Länder, Bundesministerium für Wirtschaft und Energie*

Marco Wanderwitz wurde 2021 bundesweit bekannt durch seine mehrfach wiederholte Feststellung, dass erhebliche Teile der ostdeutschen Bevölkerung aufgrund ihrer »Diktatursozialisierung« für die Demokratie verloren seien und man nur auf die nachfolgenden Generationen hoffen könne. Dieser Mann hat offenbar beschlossen, sich nicht mehr darum zu scheren, was als politisch opportun gelten könnte, sondern drastische

Formulierungen zu wählen, möglicherweise in der Hoffnung, dadurch zu den Menschen durchzudringen. In der Folge verlor er bei der Bundestagswahl prompt sein Direktmandat an die AFD. Mir nötigt sein Verhalten dennoch Respekt ab. Weil Wanderwitz zumindest etwas außerhalb des erwartbaren Politik-Sprechs versucht (dessen die Menschen in Ostdeutschland vermutlich noch viel überdrüssiger sind als im Westen).

Seine E-Mail an mich aus dem Jahr 2020 kam allerdings anders bei mir an. Natürlich war alles, was er schrieb, einerseits völlig okay. Andererseits fühlte ich mich nach dem Lesen – mal ganz abgesehen davon, dass ich von den am Ende erwähnten »Bürgerdialogen« noch nie was gehört hatte, was nicht heißt, dass sie deshalb nicht von Bedeutung sein könnten –, als hätte mir jemand den Stecker gezogen. Oder die Luft rausgelassen. Außerdem witterte ich unter all diesen richtigen Sätzen einen Subtext, den man auch einfach mit »Schnauze Wessi!« zusammenfassen konnte - was möglicherweise gar nicht stimmt, dass ich es aber so wahrnehme, zeigt das Ausmaß der Kompliziertheit. Und natürlich wäre das sogar nachvollziehbar. Denn man kann unser gut gemeintes Projekt RÜBERMACHEN ja auch so auslegen, dass sich Leute aus dem Westen mehr als dreißig Jahre zu spät und nur angesichts politischer Verwerfungen, die ganz Deutschland und damit auch sie selbst betreffen, endlich mal für »die da drüben« interessieren, die Brüder und Schwestern mitfühlend

auf den Schoß nehmen und sich dabei wahnsinnig gut fühlen – eine paternalistische Geste, die einen Austausch »auf Augenhöhe« weiterhin eher verhindert.

Ich weiß leider nicht, wie man rauskommt aus dieser Ambivalenz. Und ich gebe zu, es irritierte mich, dass die Hallenser Theaterproduktion nicht – wie im ursprünglichen Konzept eigentlich vorgesehen – auch den West-Erfahrungen eine Bühne geben, sondern sich auf die ostdeutsche Perspektive beschränken wollte. Für die Hamburger Inszenierung waren ostdeutsche Stimmen von vornherein als zentraler Bestandteil gedacht gewesen, deshalb hatte ich in Halle auch mit allen Workshop-Teilnehmerinnen und -Teilnehmern ausführliche Einzelinterviews geführt. Am Ende gelangte von den O-Tönen – auch aufgrund der Corona-Auflagen, die eine Vorstellungsdauer von etwa sechzig Minuten empfahlen (am Ende mussten wir dann aber sowieso streamen) – nur ein Bruchteil auf die Bühne. So entstand die Idee zu diesem Buch. Weil ich das, was meine Gesprächspartnerinnen und -partner mir erzählt haben, für zu wertvoll halte, um es auf meiner Festplatte verstauben zu lassen. Und weil es meine Überzeugung bleibt, dass wir uns weiter kennenlernen und miteinander reden müssen. Es sei denn, wir wollen den Laden denjenigen überlassen, die politisches Kapital daraus schlagen, wenn unter den Menschen, die hier leben, nur Vorurteile und Ressentiments gegenüber den jeweils anderen kursieren.

Die Regisseurin Meera Theunert, die RÜBERMA-CHEN inszenierte, rief eines Nachmittags, als wir mal wieder gemeinsam über dem Stücktext saßen, in komischer Verzweiflung aus: »Dieses ganze deutsch-deutsche-Deutschland-deutsch-Dings macht mich echt fertig!« Sie ist 1991 in Nürnberg geboren, hat auch mal eine Weile in Leipzig gelebt und hält das Ost/West-Thema grundsätzlich nicht für das Allerwichtigste, was es heutzutage zu verhandeln gilt – eine Sichtweise, der sich vermutlich viele, die das geteilte Deutschland nicht mehr erlebt haben, anschließen würden. Und vielleicht haben sie ja auch recht. Vielleicht sollten wir unseren innerdeutschen Vorgarten mal so langsam verlassen und den Blick weiten.

Und so verabschieden wir uns an dieser Stelle von Katrin, Liane, Lutz, Thomas, Peter, Gudrune, Michael, Yvonne und Max. Und wenden uns Menschen zu, die weder in Ost- noch in Westdeutschland geboren wurden (ihre Kinder dann aber schon), deren Stimmen jedoch genauso zur Erzählung der deutschen Einheit gehören. Auch wenn sich das immer noch nicht überall rumgesprochen hat.

## In Zukunft: Rise and Shine

In meiner Grundschulklasse war kein einziges nicht-weißes Kind, ich glaube, an der ganzen Schule gab es keines. Nicht-deutsche Nachnamen trugen nur die beiden Mädchen, deren Musiker-Eltern von hinter dem Eisernen Vorhang geflohen waren, aus der Tschechoslowakei und aus Bulgarien. Mit beiden war ich so befreundet, dass man sich gegenseitig zum Kindergeburtstag einlud – über die Umstände ihrer Einwanderung nach Deutschland sprachen wir nie, auch meine Großeltern machten das nicht zum Thema. In der zehnten Klasse am Gymnasium geschah dann jedoch etwas Unerwartetes: Ein Junge namens Zoydan stieß zu uns. Er wohnte mit seiner Familie in der Nähe der einzigen Rotlicht-Straße Lübecks, eine Ecke der Stadt, die mir völlig unvertraut war, und obwohl ich nicht wagte, jemals mehr als »Hallo!« zu ihm zu sagen, beschäftigte er meine Fantasie über die Maßen – heute würde man wohl von »Exotisierung« sprechen. Ich fragte mich, wie er lebte. Ob seine Eltern wohl einen der türkischen Supermärkte führten, in denen wir für Klassentreffen und Partys Fladenbrot, Schafskäse und Oliven einkauften und uns dabei fast kosmopolitisch vorkamen. Wie er sich wohl fühlte, unter all diesen mindestens ein

Instrument spielenden Bürgerkindern, fragte ich mich allerdings nie – man hatte Zoydan nämlich ausgerechnet in die »Musikklasse« gesteckt, wo schon in der Sexta vorausgesetzt wurde, dass wir Noten lesen und mindestens Klavier spielen konnten, und wo wir in der Woche vier Musikunterrichtsstunden mehr auf dem Stundenplan hatten als die Parallelklassen. Es kann sein, dass ich meinem guten, alten humanistischen Gymnasium unrecht tue, dass Zoydan alle Voraussetzungen erfüllte und es super fand, Partituren von Wagner-Opern zu analysieren – ich halte es jedoch eher für wahrscheinlich, dass es beinharter, struktureller Rassismus war, der es einem Jungen mit türkischen Wurzeln von Anfang an so schwer wie möglich machen wollte, in diesem Umfeld zu bestehen. Und so verschwand er denn auch noch während des ersten Halbjahrs wieder von der Bildfläche, und ich kann mich nicht erinnern, dass es irgendeine Art von Abschied für ihn gab.

Im Nachhinein schäme ich mich dafür, wie unbewusst, unsensibel und doof ich damals war, dass ich nicht mal den Versuch unternommen habe, Zoydan näher kennenzulernen. Immerhin glaube ich, dass es keine demonstrative Ausgrenzung gegeben hat, dass die Lehrerinnen und Lehrer ihn »anständig« behandelten und dass er in der Pause mit den anderen Jungs auf dem Hof Fußball spielte. Aber was weiß ich schon – wir hatten damals schlicht kein Wahrnehmungsorgan für derlei Diskriminierungen, wir merkten ja nicht

mal, wenn wir als Mädchen herabgewürdigt wurden. (Unser Sportlehrer, zum Beispiel, kam regelmäßig in unsere Umkleide, während wir uns umzogen, außerdem brüllte er zu Beginn des Unterrichts die Namen derjenigen, die gerade ihre »Ppppperiode!« hatten und deshalb auf der Bank saßen, was er offenbar als Angriff auf seine männliche Autorität empfand, und dass er bei Hilfestellungen an den Turngeräten keine Gelegenheit ausließ, uns anzugrapschen, war schulbekannt. Genauso übrigens wie das Gerücht über den Musiklehrer, von dem es hieß, er habe in einem Oberstufenkurs das Horst-Wessel-Lied singen lassen. Außer einigen älteren Schülerinnen und Schülern empörte sich darüber niemand so wirklich, man nahm diese Dinge hin wie die Bundesjugendspiele oder die nullte Stunde, zu der man uns an stockdunklen Wintermorgen um kurz nach sieben in der Schule antanzen ließ, weil es sonst mit dem zusätzlichen Musikunterricht nicht klappte.)

Das alles ist keine Entschuldigung, sondern nur die Bitte an eine jüngere Generation, die viel bewusster (und auch mit mehr Selbstvertrauen) aufwachsen durfte als wir, uns nicht ganz so schnell als unwoke Neandertaler:innen abzustempeln, bei denen eh Hopfen und Malz verloren ist. Vielleicht könnte es ja sogar interessant sein, zu hören, wie wir die Veränderung der Gesellschaft und auch unser selbst erlebt haben und was es jeweils gebraucht hat, um die Notwendigkeit dieser Veränderung zu begreifen – aber das nur am Rande.

Erst als Regieassistentin freundete ich mich mit einem waschechten Gastarbeiterkind an, einer jungen Schauspielerin – nennen wir sie Lucía –, deren Eltern aus Spanien gekommen waren, um in einer deutschen Fabrik zu schuften – immer mit dem Plan, irgendwann zurückzukehren in ihre Heimat. Und Lucía erzählte durchaus von den Anstrengungen, für die schlecht Deutsch sprechenden Eltern immer und überall übersetzen zu müssen, von der Exponiertheit in der Schule, von dem anderen Essen, das es bei ihr zu Hause gab. Aber ich konnte die Dimension nicht richtig verstehen, auch nicht, als sie sich einmal darüber beschwerte, mit welcher Selbstverständlichkeit sie häufig als »Ausländerin« besetzt wurde, was zu der Zeit meist auch bedeutete, als Kostüm eine Kittelschürze tragen zu sollen, was außer ihr niemand empörenswert fand. Trotzdem beschrieb Lucía die Bühne als den einzigen Ort, an dem sie sich »zu Hause« fühlte, was für sie – wie für so viele Einwandererkinder – weder in Deutschland noch in Spanien hundertprozentig möglich war. Dieses Gefühl von Heimatlosigkeit war mir nun aus ganz anderen Gründen vertraut, ich teilte es genauso wie die Hoffnung, am Theater einen Ort gefunden zu haben, an den ich gehörte. Aber ansonsten fehlten mir Lucías Situation gegenüber Sensibilität und Problembewusstsein, ich nannte sie zwar aufgrund ihrer ausgeprägten Zähigkeit liebevoll »spanische Bergziege« (so bezeichnete sie sich auch selbst), konnte aber überhaupt nicht

wahrnehmen, ob ihre Herkunft sie in irgendeiner Form daran hinderte, sich ganz und gar als »eine von uns« zu fühlen. Interessanterweise heiratete sie zwischendurch einen ostdeutschen Mann (und stellt, wie mir gerade auffällt, damit die Ausnahme meiner Regel der Ost-Frau/West-Mann-Verpaarung dar), und ich weiß, dass ich mich schon damals kurz fragte, ob sich da vielleicht zwei gefunden hatten, die eine gewisse Fremdheit dem Land gegenüber teilten, dessen Staatsbürgerschaft sie besaßen. Gern würde ich von Lucía heute dazu etwas hören, aber leider riss der Kontakt zwischen uns irgendwann ab, was ich immer total bedauert habe, möglicherweise aber auch unbewusst unsensiblem Verhalten von meiner Seite geschuldet ist.

Die ersten Gastarbeiter, die zu Wirtschaftswunderzeiten in die Bundesrepublik kamen, waren Italiener – und sie waren es auch, die die westdeutschen Herzen noch am ehesten zu erobern vermochten. (Bei einer Recherche für ein Theaterstück auf der Schwäbischen Alb bekundeten ältere Ortsansässige ihre unendliche Dankbarkeit für die Revolutionierung der deutschen »Draußen-nur-Kännchen«-Kaffeekultur. Und dafür, dass so gut wie alle Eigenheime der notorischen Häuslebauer von italienischen Gastarbeitern nach Feierabend und in Schwarzarbeit errichtet worden seien.) Später kamen Anwerbeabkommen mit u. a. Spanien, Griechenland und der Türkei dazu, und ich würde sagen, diese Reihenfolge beschreibt auch eine Hierarchie

der Akzeptanz. Umso sprechender fand ich die Szene aus dem anrührenden Film *Berlin is in Germany* von 2001, in der die Nebenfigur Peter erzählt, wie er als Ostdeutscher nach der Wende versuchte, in Baden-Württemberg auf dem Bau Arbeit zu finden, sich dort aber benachteiligt fühlte: »Bei denen is' ja so: Erst kommen die Einheimischen, dann der Giuseppe, dann der Achmet, und ganz am Schluss, da kommt der Zoni.« Weshalb er wieder zurückkehrte nach Berlin. Gleichzeitig hört man immer wieder, dass den westdeutschen Gastarbeiterinnen und -arbeitern die Wiedervereinigung vielfach auch Bauchschmerzen bereitete, weil sie sich vor der Konkurrenz durch die Ostdeutschen, gerade auf dem Niedriglohnsektor, fürchteten. Ich habe das in meinem persönlichen Umfeld allerdings nirgends bestätigt gefunden – was vermutlich auch damit zu tun hat, dass es in meinem Bekanntenkreis beschämenderweise viel zu wenig Menschen mit dieser Einwanderungsgeschichte gibt.

Carmelo, ein italienischer Herr, der 1960 in die BRD kam, bis zur Rente als Maurer gearbeitet hat und mit dem meine Freundin Nanine im Wedding ab und zu mal beim Kaffee plaudert, hat die Wiedervereinigung in Berlin erlebt:

*Zuerst waren die Leute sehr froh, haben einander auf die Schulter geklopft, die Ossis waren ja nett und alles. Und seitdem haben wir auch den Solidaritätszuschlag bezahlt, der Herr Kohl hatte ja eigentlich gesagt,*

*das müsste nur für ein paar Jahre so sein. Aber was da heute in Ostdeutschland los ist, weiß doch keiner. Früher wusstest du genau, was da los ist, die hatten viel mehr Sicherheit. Und jetzt ist das alles unsicher, wirtschaftlich, deswegen werden die auch aggressiver. Ich glaube aber nicht, dass das nur an der Wiedervereinigung liegt – in den letzten zehn, fünfzehn Jahren ist alles so schnell geworden, durch die Technik und die Globalisierung, da kommt ja keiner mehr mit. Als ich nach Deutschland gekommen bin, war es sehr schön, die Leute waren anders, die waren kollegial, die waren ruhig und verständig.*

Ost-Herkunft und Migrationshintergrund werden – was durchaus umstritten ist – immer wieder auch parallelisiert. In Ingo Schulzes Essay *Man wird nicht als Ostler geboren* (2021 in der *Süddeutschen Zeitung*) heißt es: »Die Autorin Ferda Ataman, geboren in Stuttgart, aufgewachsen in Nürnberg, stellte vor einem Jahr sinngemäß fest: Ich weiß, dass ich einen Migrationshintergrund habe, du weißt, dass du einen Ost-Hintergrund hast, nur die im Westen wissen nicht, dass sie Westler sind.« Diesen Satz kann man gar nicht oft genug wiederholen, finde ich – denn theoretisch wissen doch eigentlich schon ziemlich viele von uns, dass die Scheiße immer da anfängt, wo sich jemand seiner Privilegien nicht bewusst ist. Warum ist es also so schwer, dieses Wissen praktisch und auch im Zusammenhang mit Ostdeutschland anzuwenden? Ingo Schulze schreibt weiter: »Als Ostler oder Migrantenkind werde ich

kontinuierlich aufgefordert, mich kritisch gegenüber der eigenen Herkunft und meines bisherigen Lebensweges zu verhalten. Der Auslöser kann bei den einen schon der Name sein und/oder die Hautfarbe, bei den anderen der Dialekt oder der Wohnort oder der Wehrdienst. Jemanden, der ohne Migrationsvorkommen im Westen geboren worden ist, zwingt niemand (sofern man nicht gerade im Ausland ist) sich der eigenen Voraussetzungen bewusst zu werden, und es ist schwer, überhaupt eine Notwendigkeit dafür zu verspüren. Denn die ehemalige BRD gilt als selbstverständlich gut, ja als zivilisatorischer Goldstandard. [...] Viele der zu Frontstellungen verhärteten Positionen würden wieder ins Gespräch miteinander finden und damit zu dringend notwendigen Differenzierungen und Abstufungen, wenn der Westen seine innere Blockade gegen kritische Selbstreflexion anginge, statt sich diese mithilfe eines Sündenbocks (gemeint sind die Ostdeutschen, Anmerkung der Autorin) vom Hals zu halten.«

Das glaube ich auch, deshalb schreibe ich dieses Buch. Aber ich würde die Perspektive gern noch ein bisschen erweitern. Denn es gibt eine Gruppe von Menschen, die sowohl Migrations- als auch Ost-Hintergrund haben, die noch vor allen DDR-Bürgerinnen und -Bürgern Wende-Opfer wurden, ihren sicher geglaubten Arbeitsplatz, ihre Wohnung und jede Perspektive verloren und deren Erfahrungen im öffentlichen Diskurs immer noch viel zu selten vorkommen: Die

ehemaligen Vertragsarbeiter und Vertragsarbeiterinnen (im Vergleich mit Westdeutschland, wo der Anteil der Gastarbeiterinnen erst spät einen Anteil von 30 Prozent erreichte, reisten aus den sozialistischen Bruderländern mehr werktätige Frauen in die DDR). Den größten Teil dieser Gruppe machen Menschen mit vietnamesischen Wurzeln aus, im Dezember 1989 zählte man etwa 60.000, nach der Wende waren es noch etwa 16.000. Anders als die »Boatpeople«, die bereits in den 1970er-Jahren vor dem kommunistischen Regime Nordvietnams über das Südchinesische Meer flohen und u. a. in der Bundesrepublik Aufnahme fanden (dort erhielten sie eine sofortige Asylberechtigung, die Aussicht auf dauerhaftes Bleiberecht und umfängliche Unterstützung), kam der größte Teil der vietnamesischen Vertragsarbeiterinnen und -arbeiter erst in der zweiten Hälfte der 1980er-Jahre in die Deutsche Demokratische Republik. Ihr Aufenthalt sollte von vornherein und nach einem Rotationsprinzip auf fünf Jahre begrenzt sein, eine dauerhafte Integration war weder vorgesehen noch erwünscht.

Nga: *Am Anfang durften wir noch Deutsch lernen, später nicht mehr. Für uns gab es keine Lehrer, nur für die Leute von uns, die Gruppenleiter werden sollten. Die durften weiter zum Deutschunterricht. Ich habe damals zum Gruppenleiter gesagt: »Ich setze mich nur dazu, es muss sich niemand um mich kümmern, ich möchte nur*

*zuhören.« Aber das durfte ich nicht. Ich weiß nicht, warum, aber es durften nicht alle Deutsch lernen.*

*Die deutschen Kollegen im Betrieb haben immer gesagt, wir sind nett und freundlich und lächeln immer. Wir verstehen nicht, wir verstehen überhaupt nichts, aber wir lächeln immer. Und es gibt genug Geschichten, wo die Deutschen uns beschimpfen, und wir lächeln trotzdem. Wir verstehen ja nichts. Wir lächeln nur. Wir wollen keinen Ärger machen.*

Um den Arbeitskräftemangel in der DDR auszugleichen, wurden die Vietnamesinnen und Vietnamesen vor allem im Niedriglohnsektor (Textil- und Lebensmittelindustrie, Maschinenbau, Leicht- und Schwerindustrie) eingesetzt, oft verrichteten sie schwere, schmutzige und gefährliche Arbeit. Die darüber hinaus auch noch schlecht bezahlt war und nicht mehr als den damaligen Mindestlohn von ca. 400 DDR-Mark einbrachte – davon wurden automatisch 12 Prozent an den vietnamesischen Staat abgeführt. Zwölf Pakete mit einem Warenwert von maximal 100 DDR-Mark durften pro Person und Jahr zollfrei nach Hause geschickt werden, am Ende der Vertragslaufzeit gab es noch die »Endausreisekiste« von bis zu zwei Tonnen, in der u. a. eine begrenzte Menge an Fahrrädern, Mopeds, Nähmaschinen und Stoff verschifft werden konnte. Ich erzähle das hier so ausführlich, weil die Vertragsbedingungen, die zwischen der DDR und Vietnam im Rahmen eines

Staatsvertrags ausgehandelt worden waren, den DDR-Bürgerinnen und -Bürgern bewusst nicht transparent gemacht wurden, sodass in Ostdeutschland bis heute darüber oft noch Unkenntnis herrscht. Damals entstand wegen der Warenknappheit sogar das Gerücht, die Vietnamesen würden »die DDR leer kaufen«, was dazu führte, dass Ressentiments wuchsen und Endausreisekisten manchmal auch Brandstiftung zum Opfer fielen.

Untergebracht waren die vietnamesischen Vertragsarbeiter und -arbeiterinnen in der Regel in Wohnheimen, wofür sie Miete entrichteten und in denen es eine strikte Einlasskontrolle gab. Auch das Allerpersönlichste war streng reguliert: Wurde eine Frau etwa schwanger, musste sie abtreiben oder ausreisen.

Lam: *Meine Betreuerin hat mir gesagt: Lam, du musst jeden Abend einen Sack voll mit der Pille verteilen. Dann musst du später nicht mit ins Krankenhaus. Es hatte schon so viele Abtreibungen gegeben, das war so schlimm. Deshalb haben wir das dann so organisiert, dass unsere Frauen gleich die Pille bekommen.*

Über die Geschichte der Vertragsarbeit in der DDR wusste ich nichts. Bis mich das Figurentheater Chemnitz 2021 als Autorin für ein Theaterstück engagierte, das sich mit den Lebenswegen ehemaliger Vertragsarbeiterinnen aus Vietnam beschäftigen sollte.

Regisseurin Miriam Tscholl und ich führten zahlreiche Interviews mit diesen Frauen und ihren zumeist in Deutschland geborenen Töchtern, die ohne den engagierten Einsatz unserer für Produktionsbegleitung und Recherche zuständigen Mitarbeiterin Vu Van Pham sicher nicht so ohne Weiteres zustande gekommen wären. Aus diesen Gesprächen stammen die entsprechenden O-Töne in diesem Kapitel: Von Lam, die Ende der 1960er-Jahre in der DDR Maschinenbau studierte und in den 80ern als Vertragsarbeiterin zurückkehrte. Von Bich, die in der DDR zur Zerspanerin ausgebildet wurde und heute eine eigene Änderungsschneiderei hat. Genau wie Nga, die froh ist, endlich im Warmen zu arbeiten und nicht mehr bei Wind und Wetter auf dem Markt stehen zu müssen.

Natürlich wüsste ich auch gern, was die Mosambikanerinnen, Angolaner und Kubanerinnen, die ebenfalls, neben Polinnen, Ungarn und anderen, in der DDR arbeiteten, zu erzählen haben. Von ihnen blieben aber nur wenige im wiedervereinigten Deutschland, und ich hatte nie einen persönlichen Kontakt. Und dieses Buch – das wird inzwischen wohl deutlich geworden sein – schildert ausschließlich meinen subjektiven Ausschnitt der Wirklichkeit, das, was ich selbst erlebt oder gelesen habe und was mir erzählt worden ist. Weil ich Schriftstellerin bin und glaube, dass die konkreten Lebensgeschichten von Menschen das beste Gesprächsangebot sind, das man machen kann. Die notwendige

wissenschaftliche Aufarbeitung der Zusammenhänge leisten andere, die dafür auch deutlich besser qualifiziert sind.

In den Gesprächen mit den ehemaligen vietnamesischen Vertragsarbeiterinnen erfuhren Miriam Tscholl und ich vieles, was uns überraschte, rührte und manchmal auch schockierte. Eine Frau erzählte zum Beispiel, sie sei in einem Dorf in Mittelvietnam aufgewachsen, wo man ihr irgendwann sagte, es gäbe einen besser bezahlten Job etwas weiter weg. Erst am Flughafen begriff sie, dass sie in die DDR reisen würde, wo gerade Winter herrschte – und sie hatte nur Handgepäck dabei und Sandalen an den Füßen. Eine andere berichtete, ihre Kolleginnen und sie hätten in Deutschland Schnee in Kaffeetassen aufgefangen, um ihn mit Zucker bestreut zu essen. (Gerade weißer Zucker war in Vietnam ein kostbares Gut, unzählige Kilos davon wurden entsprechend dorthin verschickt.) Und trotz aller harter Arbeit, Bevormundung und Kontrolle, die man aus heutiger Perspektive durchaus menschenverachtend finden kann, schilderten alle Frauen, mit denen wir gesprochen haben, ihre Zeit in der DDR als eine glückliche.

Bich: *Ganz ehrlich, in der DDR hatte ich ein ganz unbeschwertes Leben. Es gab nicht immer Bananen, Obst und so im Sortiment wie jetzt, klar. Es gab im Winter nur Weißkraut, Rotkraut, Sauerkraut, Zwiebeln und Kartoffeln. Aber ich habe mich zufrieden und sicher gefühlt.*

Lam: *Ich wäre nie von hier weggelaufen. Mir war die DDR lieber als das, was danach kam, ehrlich gesagt.*

Für uns war das nicht immer nachzuvollziehen – auch der zweiten Generation von Viet-Deutschen fällt das gelegentlich schwer. Vermutlich unterschätzt man das Wissen um Armut, das u. a. dafür sorgte, dass die Frauen ihre Lebensbedingungen in der DDR klaglos akzeptierten und bis heute nicht kritisieren. Dazu kommt ein hohes Bedürfnis nach Sicherheit, das immer wieder thematisiert wurde. Und ohne jeden Zweifel wurde das Leben derjenigen, die in der Wendezeit hierblieben und nicht die Rückreiseprämie von 3.000 D-Mark in Anspruch nahmen, sehr viel schwieriger als vorher. Sie waren die Ersten, die arbeitslos wurden, in der Regel verloren sie dadurch auch ihre Wohnung, und eine neue zu finden gestaltete sich fast als unmöglich. Seitens der Behörden sahen sie sich mit großen Bleiberechts- und Integrationsschwierigkeiten konfrontiert, die Perspektive auf einen unbefristeten Aufenthalt wurde ihnen bis 1997 vorenthalten. Eine Frau erzählte uns, sie und ihre Freundinnen hätten 1990 nicht mehr gewusst, woher sie die Pille bekommen sollten, die ihnen vorher regelmäßig verabreicht worden war, auf einen Schlag wurden alle schwanger. Was ihre Verletzlichkeit und ihr Ausgeliefertsein natürlich noch verstärkte. Manche von ihnen wussten sich dann nicht anders zu helfen, als illegal steuerfreie

Zigaretten zu verkaufen – anonym konnten wir mit einer Frau sprechen, die damals eine Weile für die »Zigarettenmafia« auf der Straße stand, um ihr Kind durchzubringen. Gleichzeitig kam es besonders in Berlin zu blutigen Bandenkriegen zwischen den verschiedenen Mafia-Syndikaten. Die Medien berichteten ausführlich darüber, was die Ressentiments gegenüber Vietnamesinnen und Vietnamesen weiter schürte. In den »Baseballschlägerjahren« erlebten sie rassistische Gewalt und Anfeindungen. Viele von ihnen gingen bei Einbruch der Dunkelheit nicht mehr aus dem Haus, um sich nicht in Gefahr zu bringen.

Nga: *Den 3. Oktober 1991 hab ich in sehr schlechter Erinnerung. Mein Sohn war gerade geboren, und an dem Tag kann mein Mann mich nicht im Krankenhaus besuchen, weil auf den Straßen so viele Leute sind und es gefährlich ist für Ausländer.*

*Viele Vietnamesen wurden geschlagen, Ausländer wurden geschlagen. Es gab eine Gruppe von Jugendlichen, die, wenn sie Ausländer sehen, schreien und schlagen. Auch meinen Mann hatte das getroffen. Deshalb hat er mich an dem Tag nicht im Krankenhaus besucht. Ich hab so viel geweint.*

*Später, wenn ich mit meinem Sohn unterwegs war – ich schiebe den Kinderwagen, diese Jugendlichen treten mit dem Fuß dagegen. Und die anderen Leute gucken nur, sagen aber nichts.*

Und doch wollten sie unbedingt in Deutschland bleiben. Vor allem, um ihren Kindern, die ab der Wende immerhin zur Welt kommen durften, eine Perspektive zu geben. Viele dieser Kinder haben hier Abitur gemacht und studiert, die Bildungskarrieren der zweiten Generation sind enorm, was auch durch den Leistungsdruck zu erklären ist, der zum Teil von den Eltern ausgeübt wurde. Sie wollten in ihren Textil- und Blumengeschäften, Gemüse- und Obstläden, in den Änderungsschneidereien und Asia-Imbissen, mit denen sie sich nach der Wiedervereinigung notgedrungen selbstständig gemacht hatten, nicht umsonst geschuftet haben. Und sie wollten dafür sorgen, dass ihre Kinder es so weit bringen würden, dass »die Deutschen« sie respektierten.

Linh: *Als Kind einer vietnamesischen Familie ist es schwierig, das zu machen, wofür man sich wirklich interessiert. Die Eltern denken halt konservativ und wollen nicht, dass die Kinder etwas machen, das später kein Geld einbringt.*

*Ich würde hoffen, dass man mal etwas Verständnis zeigt dafür, dass wir in der zweiten Generation ein bisschen Probleme haben mit unserer Identität. Dass wir in deutschen Schulen ausgebildet werden, aber zu Hause halt immer noch nach vietnamesischen Standards leben. So war's zumindest bei mir.*

*Früher, als ich klein war, hat man in den Medien fast nur weiße Menschen gesehen. 2012 oder so gab es dann*

*eine K-Pop-Welle. Da hab ich gedacht: Hey, es gibt be-*
*rühmte Leute, die so aussehen wie ich!*

Die zweite Generation der Viet-Deutschen und ihre Themen werden inzwischen immer sichtbarer, durch die Wissenschaftsjournalistin Mai Thi Nguyen-Kim, zum Beispiel, oder die Journalistinnen Vanessa Vu und Minh Thu Tran, die gemeinsam den 2019 für den Grimme Online Award nominierten Podcast *Rice and Shine* produzieren. Oder durch die bildende Künstlerin Sung Tieu, die u. a. die Lebensbedingungen der vietnamesischen Vertragsarbeiter:innen in der DDR zum Gegenstand ihrer Arbeit macht und 2021 für den Preis der Nationalgalerie nominiert wurde. Oder durch das Hamburger Kunstkollektiv *Tiger.Riots*, das den Fokus auf anti-asiatischen Rassismus legt. Im Gegenzug zu ihren Eltern, die sich gegen Angriffe nur selten wehren konnten, behaupten diese jungen Menschen ihren Platz mit deutlich mehr Selbstbewusstsein – in der Gesellschaft und auf der Straße.

Nga: *Meine Tochter war mit ihren Freunden aus, da hat jemand das F-Wort zu ihr gesagt. Ein deutscher Freund von ihr hat sich deshalb mit dem geschlagen und musste vor Gericht.*

*Ich habe meiner Tochter gesagt, sie soll in einem solchen Fall ganz ruhig bleiben und eine Schlägerei vermeiden. Aber sie sagt: »Nein. Ich muss mich wehren. Ich*

*kann das nicht einfach überhören so wie du. Ich muss zeigen, wer ich bin.«*

Was für Ngas Tochter so klar und eindeutig ist, bleibt für uns als Gesellschaft eine Frage, die immer wieder neu verhandelt werden muss: Wer sind wir in diesem Land, das seit über dreißig Jahren wiedervereint ist, wer wollen wir sein? Mir wäre es recht, wir stritten weiter über das »deutsch-deutsche-Deutschland-deutsch-Dings« – sofern wir dabei wirklich miteinander reden. Und zwar unter Berücksichtigung aller Stimmen, die etwas Konstruktives beizutragen haben zu der Frage, wie wir hier miteinander leben und umgehen wollen.

Wenn dieses kleine Buch neugierig gemacht hat auf eine solche Auseinandersetzung, und auf all die noch ungehörten Geschichten, die es als Schätze zu heben und zu erzählen gilt, lasse ich mich sogar liebend gern weiter als »West-Schnepfe« bezeichnen. Obwohl ich niemals daran glauben werde, dass sich Identität mithilfe eines wie auch immer gearteten Begriffs festschreiben lässt.

Lam: *Die Vereinigung von einem Volk ist schon richtig, denke ich. Auch die Vereinigung von Süd- und Nordvietnam, obwohl Jahre später immer noch Probleme da sind. In Deutschland ist es genauso.*

Neben der beglückenden Theaterarbeit gab es bei meinem Aufenthalt in Chemnitz noch einen weiteren Aspekt, den ich in Bezug auf das Verhältnis zwischen Ost und West für exemplarisch halte. Denn zugegeben, ich hatte Vorurteile, als ich zum ersten Mal dorthin reiste. Und beim Umsteigen in die Regionalbahn am Leipziger Hauptbahnhof spürte ich eine gewisse Unsicherheit – als würde ich mich ab hier auf ein Terrain begeben, auf dem ich mich nicht richtig auskannte. Auf den ersten Blick scheint die ehemalige Karl-Marx-Stadt solche Vorurteile auch schnell zu bestätigen – mit hässlichen Riesen-Straßen, Billig-Geschäften, Leerstand. Und ja, man trifft unterwegs auch immer wieder auf Nazis mit entsprechenden Tätowierungen, die jemanden wie mich vor Schreck erst mal fast aus den Latschen kippen lassen, oder auf Sächsisch vor sich hin motzende Rentner, genauso sind Stimmen von Corona-Leugnern oder Impfgegnern deutlich präsenter, als ich es aus Hamburg gewohnt bin. Und doch – meine Theaterwohnung lag in der Nähe des Brühl, einer hellen, einladenden Fußgängerzone mit schönen Restaurants und Geschäften und freundlichen Menschen. Staunend spazierte ich später auch durch den Stadtteil Schloßchemnitz und fühlte mich kurz wie im Bayern-Urlaub, nur besser. Und niemals hätte ich gedacht, dass sich auf dem Kaßberg eines der größten zusammenhängenden Jugendstil- und Gründerzeitviertel Deutschlands befindet. Chemnitz ist voller Kontraste, Widersprüche und

harter Schnitte. Eines Tages saß ich im Sonnenschein auf einer Bank, wovon es hier im öffentlichen Raum auffallend viele gibt, die zudem von den unterschiedlichsten Menschen genutzt werden, und begriff, wie sehr ich diese Stadt inzwischen ins Herz geschlossen hatte. Weil sie nicht »fertig« ist, sondern in Bewegung, weil hier ein lebendiger Freiraum existiert, wie ich ihn aus Hamburg nicht mehr kenne, weil man hier nicht reich sein muss, um Ideen zu verwirklichen. Und weil es hier wirklich um etwas zu kämpfen gilt – um die Zukunft einer offenen Stadtgesellschaft. Und das ist tausend Mal spannender und liebenswerter als alles Vergleichbare im Westen. Deshalb freue ich mich auch schon wie Bolle auf die Kulturhauptstadt 2025. Vielleicht könnte sie ja sogar für die 20 Prozent der Westdeutschen, die laut einer Umfrage der Forschungsgruppe Wahlen von 2019 noch nie nach Ostdeutschland gereist sind (während 95 Prozent der Ostdeutschen nach der Wende wenigstens ein Mal zu Besuch im Westen waren), ein Anlass sein, sich endlich ein eigenes Bild zu machen. Nichts fühlt sich nämlich besser an, als Vorurteile loszulassen und sich der Komplexität von Wirklichkeit zu stellen.

## Danke

Meinen Interviewpartnerinnen und -partnern für ihre Offenheit, Freundlichkeit und Erzählfreude – ich habe in unseren Gesprächen sehr viel gelernt. Meinem Großvater für die Weitergabe des Dickschädels und der Liebe zu Mecklenburg. Dem Dresdner Freund dafür, dass er vor Jahren einen Stein ins Rollen brachte. Meinen ostdeutschen Freundinnen und der Steuerhexe, die jederzeit bereit sind, mein Leben aufzuräumen und zu verschönern. Dem Hamburger Lichthof Theater und dem WUK Theater Quartier Halle für die Realisierung von *Rübermachen*. Dem Figurentheater Chemnitz, dem ASA FF e. V. und Miriam Tscholl für die Realisierung von *So glücklich, dass du Angst bekommst*. Der Dorit & Alexander Otto Stiftung und der Hamburgischen Kulturstiftung für die Unterstützung meiner Arbeit an *Ostkontakt*. Jan Siegel fürs aufmerksame Lesen. Andreas Ulrich für sein Interesse und seine Herzlichkeit und die schönen Sätze zu diesem Buch. Meinen mairisch-Verlegern Daniel Beskos und Peter Reichenbach sowie Nefeli Kavouras für ihre kluge Neugierde, Sorgfalt und Freundschaft.

[mairisch 88]
1. Auflage, 2022
© mairisch Verlag 2022

Lektorat: Nefeli Kavouras, Peter Reichenbach
Korrektorat: Annegret Schenkel | www.korrektorat-schenkel.de
Cover: Roberta Schneider | www.mittelgruen.de
Autorinnenfoto: Florian Heurich | www.florianheurich.de

Auszug aus der *Stern*-Kolumne *Schnauze Wessi!* von Frank
Witzel mit freundlicher Genehmigung

Druck: Beltz Grafische Betriebe

ISBN Buch: 978-3-948722-16-6
ISBN E-Book: 978-3-948722-17-3
www.mairisch.de

: **maırısch** mono